赤の力学
色をめぐる人間と自然と社会の構造

藤井 尚子

風間書房

口絵1 赤土(顔料)

口絵2 天然辰砂(水銀朱)

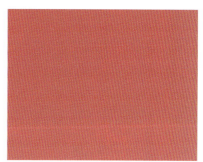
口絵3 朱(ドーサ引き和紙に平塗り2回)

口絵4 ベンガラ(赤酸化鉄)

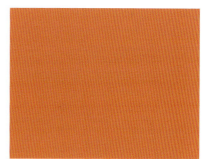
口絵5 ベンガラ(ドーサ引き和紙に平塗り2回)

口絵6 紅花（染色材）

口絵7 韓紅花（草木染研究所柿生工房 山崎和樹氏 染色）

口絵8 黄丹（草木染研究所柿生工房 山崎和樹氏 染色）

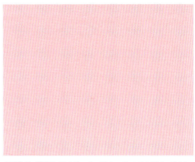
口絵9 退紅（草木染研究所柿生工房 山崎和樹氏 染色）

口絵10 延喜式の色（草木染研究所柿生工房 山崎和樹氏染色）
（上から）黄丹・韓紅花・退紅・青熟生絹

口絵11 紅猪口

　口絵7,8,9,10は「延喜式」十四巻「縫殿寮雑染用度」に記載される色名について、草木染研究所 山崎和樹氏と古代織物研究家 中島洋一氏との共同研究（2013～2014年）の成果の一部である。高機を使用し手織りした青熟の絁を、当時の度量衡をもとに必要材料を計算し染色。口絵7と9は、染料に良質の山形県産紅餅を使用しているが、濃色が得られなかったため、本研究では約3倍の紅餅を使用している。口絵8は、延喜式記載の推定量より少ない量で、混色する黄支子はほぼ同量で染色した。

口絵 12 享保雛 （山形県河北町紅花資料館 所蔵）

口絵 13 古今雛 （山形県河北町紅花資料館 所蔵）

口絵 14 藤井尚子「赤の始源 – 垂直に向かって –」(2005 年 東京藝術大学大学院美術研究科博士後期課程修了制作展)

目　次

序 …………………………………………………………………………… 1

第一章　赤の基層――アニミズムとヘゲモニー―― ………………… 13
第一節　色材について ……………………………………………………… 13
1.1 色材――色の知覚における必然―― …………………………… 13
1.2 顔料の特性 ………………………………………………………… 15
1.3 染料の特性 ………………………………………………………… 16

第二節　丹にみる社会文化史の基層 …………………………………… 17
2.1 最古層の赤 ………………………………………………………… 17
　　　　考古学的知見から――『魏志』における朱と丹――　17
2.2「丹」の呼称 ………………………………………………………… 18
　　　　「タン」≠「ニ」　18
　　　　「赤土」成分内のベンガラと天然水銀朱　19
2.3「丹」の物性――神話にみる土の意味―― ……………………… 20
　　　　土にみる「人間の創造」と「天地創造における神」　20
　　　　日本神話の土――波邇夜須毘売神にみる両義性――　21
2.4 丹の象徴――土の両義性から―― ……………………………… 22

第三節　朱とベンガラの発現にみるヘゲモニー ……………………… 23
3.1 丹の分化――選鉱技術の進化と目的―― ……………………… 23
　　　　丹に内包される二つの赤――朱とベンガラ――　23
　　　　選鉱分離の背景――考古学的知見による丹の用途から――　24
3.2 朱とベンガラの色差――色名と字形による表意から―― ……… 25
　　　　朱　25

			ベンガラ　26
			朱とベンガラ──色差による象徴性──　27
		3.3　歴史的文献にみる用途 …………………………………………… 28
			儀礼における一回性──歴史的文献にみる丹の用途から──　28
		3.4　色差による二重構造の整序 ………………………………………… 30
			朱の象徴性──神功皇后の三韓征討神話より──　30
			ベンガラの象徴性──「海幸山幸」神話にみる主従関係──　31
	第四節　まとめ ……………………………………………………………… 33

第二章　赤の範疇
		──人間的自然としての「美」と「生命力」を中心に── ………… 41
	第一節　クレナイ──渡来技術とあらたな「美」── ………………… 43
		1.1　染色技術の発見と進展──「美」を基盤として── ……………… 43
		1.2　ベニバナの名称にみる用途 ………………………………………… 45
		1.3　外からもたらされたベニバナの赤 ………………………………… 49
			黄色染料から赤色染料へ　49
			匈奴の「臙脂」にみるベニバナ──歴史的背景から──　51
			赤色素抽出法──中央アジアの地質的特性から──　53
			中国における色素抽出法──『斉民要術』から──　54
			日本におけるベニバナ──歴史的文献より──　55
		1.4　朱を継承するクレナイ──『播磨国風土記』にみる赤── ……… 56
			神功皇后の朱と応神天皇の紅草──母子関係にある赤色材──　56
			渡来文化の象徴──応神天皇の国家統制──　59
			次世代赤色材──「塗」から「染」へ──　60
		1.5　染色法にみる赤への憧憬 …………………………………………… 61
			黄色素の除去　61
			赤色素の抽出　62

　　　　丹の選鉱とベニバナ染色法の類似性　63
　　　　「韓紅花」──高純度の赤のイデオロギー──　66
　　　　イデオロギー装置における二つの美意識　69
　第二節　ベニ──「生命力」に由来する赤──……………………………71
　　2.1　生命力に由来する赤……………………………………………71
　　　　模倣・再現と忌避──薬の発見と染料──　71
　　　　民間信仰にみる赤の意義　72
　　2.2　ベニの来歴──化粧料としての「赤」──………………………73
　　　　社会的行為としての化粧　74
　　　　赤色化粧料の原料──ヘンナとベニバナ──　75
　　　　化粧の起源──人間の本能的生命力にみる──　78
　　2.3　丹の系譜──アニミズム的潮流──……………………………79
　　　　「延丹」にみる丹とベニの連関　79
　　　　レーキの位置取り──「塗」と「染」の間──　81
　　2.4　外的身体と内的身体──染料と生薬の類似性──………………83
　　　　医療行為としての化粧　83
　　　　化粧料と同義の薬──色における同類概念──　84
　　　　染料と薬の対応関係　85
　　　　外的身体と内的身体における色／薬効　106
　　　　　(マクロコスモス)　(ミクロコスモス)
　　　　同色生薬──呪術的起源と経験的起源──　118

　第三節　まとめ……………………………………………………………119

第三章　赤の力学──中心と周縁のヘゲモニー──………………………129
　第一節　ベニバナ交易のシステム………………………………………130
　　1.1　生産地と消費地──中心と周縁の変容──……………………130
　　　　平安時代のベニバナの流通──「禁色」と「調」──　130
　　　　近代以降におけるベニバナの流通　132

1.2 最上紅花の起源——生産と流通によるヘゲモニー—— ……………135
　　今田信一『最上紅花史の研究』を中心に　135
　　商業経済における「価値」の流通　137
1.3 紅花商人の出現 ………………………………………………………139
　　農村の変化——換金作物ベニバナの生産上昇の背景——　139
　　紅花商人の役割——生産と消費の仲介者——　140
1.4 生産地と消費地における雛人形の差異について ……………142
　　人形の起源——「とりもの」と「はらいもの」——　142
　　雛人形の発展——「ひひなあそび」から「雛まつり」へ——　145
　　雛人形にみる赤　147

第二節　生産地における赤の象徴性——山形県西村山郡河北町谷地の
　　　　「雛まつり」を中心に—— ………………………………………151
2.1 河北町谷地の基底文化——農耕暦と年中行事—— ……………151
　　河北町の歴史と風土的特性　151
　　河北町谷地の年中行事——風土と農耕暦——　154
2.2 河北町谷地の雛まつりにおける雛人形の意義 ………………156
　　河北町谷地の雛文化　156
2.3 河北町谷地の雛まつり——「オヒナミ」と「ゴンゴサン」—— ……159
　　年中行事における雛まつりの意義　159
　　「谷地の雛まつりおよび雛人形にみる『赤』の意義」の聞き取り
　　調査　161
　　「オヒナミ」についての聞き取り——谷地における匿名教育の
　　場——　161
　　旧家における雛まつりの意義　164
　　雛まつりの記憶——戦中・戦後から昭和26年以降——　165
2.4「雛膳」にみる「春告げまつり」と「ハナ」
　　——谷地雛まつりにみる春と女性の同一視—— ………………168

　　　　「雛膳」についての聞き取り――食材と構成――　168
　　　　ハレにおける女性原理　171
　　　　ハナの象徴性――色とハルと女性性――　172
　第三節　まとめ………………………………………………………173

結………………………………………………………………………183

引用・参考文献………………………………………………………191
謝辞……………………………………………………………………197

序

問題意識

　（物が）染まる／（色が）染みる／（人が）染める……「染」の活用形は主体によって変化する。「染色」を「シミイロ」ではなく「ソメイロ」と訓ずるのは、人間が色をソメルという「技術」の間接的な表現である。それゆえ、染色は、今日、一般的に色に関わる技芸として美術工芸という範疇の内に置かれている。確かに染色の始まりは草木の汁で色を摺り付け、さらに生薬として薬効のある植物の煎汁を染液としたことからも、人間が自然と密接に関わり、自然を拠り所とすることで、生まれた技術であった。ソメルとは、人間を主体に、先ず自然界の事物〈色材〉への働きかけを経て、抽出されたあらたな事物〈色〉を、さらに別の事物〈布〉に置換するといった、「事物の変生」の過程ともいえる。この「事物の変生」の過程こそ、「文化」を形成する一過程と捉え、同様に、文化の軌轍を辿ることができるのではないかと考えた。

　文化とは「自然」―「人間」―「社会」の象徴的形態であり、「自然」―「人間」、「人間」―「人間」の連関とを、二重性において象徴化した諸形態であるとされる[1]。前者の連関は「物質的文化」のみならず「神話」の生成にも関与し、後者はその連関のうちから「精神的文化」を生成させる。これらを援用すれば、色材から色を抽出することは「自然」―「人間」を基盤とした物質的文化における技術と神話的象徴性を醸成し、その色をソメルことは「人間」―「人間」の連関を基盤とした精神的文化に属し、その生成と成果は色を意識的に選択し用いる技術および社会的象徴性を醸成するのであ

る。

　美術工芸に布置される技術的視座から多分に解説されてきた染色は、「自然」―「人間」の連関と、「人間」―「人間」の連関とが分断されることで、色は独立し、しばしば成果物の美的価値は職人的で不干渉なものであった。しかし、自然と対立する人工のすべてを意味するギリシア語 ars に語源をもつ美術は、美的概念が自立するまで技術と区別なく用いられ、本来、美的創造それ自体を目的とする純粋なものではなく、自然と対置する人間が人工的に形成した文化的活動のすべてを目的にもつものであった。それは単に審美的な要素に留まるのではなく、人間の営みにおいて集団的想念と連動するダイナミズムを生み出す。それは、私たちをとりまく世界を動かす原理であり、自然の根源的活力であり、社会的ヘゲモニー（hegemony／Hegemonie）[2]をも創出する。このようなダイナミズムこそ「美」そのものではなかろうか。

　本論文では、美のダイナミズムを有する美術を社会文化史[3]の一つとし、それを「本来的美術」と定義する。その上で、従来、染色が布置される美術工芸の視座を離れ、本来的美術の視座から、色の原初の総合的意味を回復することを目ざすことにより、染色における〈色材〉―〈色〉―〈染色／染色物〉の連関を「自然」―「人間」―「社会」の連関と重ねることで、人間と色の関係性から、社会および文化を創造する思想の構造を明らかにすることがねらいである。特に、日本の社会および文化的に浸透する色である「赤」に注目し、さまざまな色名をもつ赤を「赤の範疇」として定義する。〈色材〉―〈色〉―〈染色／染色物〉の連関から「恐るべき精密さ」（大岡、1980年）を有する「赤の範疇」における象徴性や力学から、わが国の社会文化史的思想の構造を明らかにし、同時に「赤」の重要性を引きだすことをめざす。

　「赤」は、色であり同時に色名でもある。しかし、赤という固有の色はなく、固有の色材から得られる赤を範疇とする色の総称なのである。その範疇は、明・暗、清・濁、濃・淡さまざまな領域にわたり、緋色、紅色、朱色、

茶色など固有の色名を包含している。

　しかし、今日、さまざまな範疇をもつ赤系の色が色名「赤」に集約される事由は、色の領域性や色材の物性を無視し、色名の記号的な認識作用がより強く定着しているためと考えられ、原初のヒトと色のかかわりにまで遡行できよう。厳しい自然環境における「生」への希求は、生物として生得的に備わった本能であり、人間も例外では無い。生命力の源である血、光や熱をもたらす火や、栄養源となる熟れた木の実などに、「生」と結びついた「赤」を見、生命維持に関わる一種の信号としてきたことは容易に想像できる。危険や注意と直結した「赤」は符号となり、瞬時の判断が必要とされる場面での直接的な伝達記号となり、重要な役割を果たす。こうした情報の瞬発力を求めた場合、背景との対比で「赤」を認識できればよく、細かな範疇は不要となる。これは世界のさまざまな異なる文化・種族における色の出現性が、白・黒・赤の順で共通していること[4]や、アフリカ文化では三基本色が白・赤・黒が圧倒的な重要性を持ち、それぞれに美的・宗教的・感情的・道徳的価値があたえられているとの主張[5]や、世界把握の根源的認識の基底を、白・赤・黒の三元的色彩の象徴的な組み合わせに見る[6]ことなど、他の色との対比関係にある「赤」の記号性に起因しているためと考えられる。誘目性が高いという「赤」の心理作用のみならず、背景色との明度差、彩度差、色相差が大きくなることで視認性が強まる。原初的社会のみならず、信号的伝達能力に大きく依拠する現代の情報化社会において、色の意味は他の色との差違にあり、色は色名—例えば「赤」—に集約されることは当然のなりゆきである。

　一方、日本の色名は、森羅万象に見出した固有の色に名をあたえ、自然界から得られる色材の原料の名をそのまま流用した。日本において色名とは、人間が自然を認識する術でもあった。こうした認識について、大岡は「恐るべき精密さそれとも恐るべき怠慢さ」[7]と、日本人の具象的認識への鋭敏さと抽象的認識への鈍才さに触れている。だが、このような自然界の事物をあ

るがままに引き受ける背景は、日本の原初的社会体系を貫く「アニミズム（animism）」に求めることができよう。アニミズムは、生命・魂を意味するラテン語アニマ（anima）を語源とし、自然界の事物に備わっている生命力や固有の霊的存在の意思や働きが自然の諸現象を司るとする信仰で、日本のみならず原初的宗教観として世界中にみられるものである。原初的社会の特徴は、生産手段における私有・階級的支配関係がなく、そのため分業と階級が発達せず、個人の意識は集団的意識に包摂された。そのような社会において、宗教や呪術は、集団的意識を統轄するシステムであった。すなわち、宗教および呪術における祭祀や儀礼が、原始社会における主体を育んだといえよう。アニミズムにおいて、人間が自然界の事物の具体的な形象（性質・形態・それぞれの関係および状態）を知覚的・認識的に把握し、さらに祭祀・儀礼を通して捨象、洗練させることで、事物と他の事物を結ぶ新たな意味（＝象徴性）を獲得していった。このように、自然界の事物を象徴化することで、社会的集団性および共通性を構築したのである。こうした共通性は、個人から発した特殊的・主観的・偶然的な感覚的快感および知覚を超え、普遍的・客観的・必然的な認識的思考—意識—を育む。この意識の芽生えこそ「美」の緒であると考える。特に、物に備わる「第二性質」[8]である色は、香・音・味とともに主観的知覚であるため、色そのものを他者と共有することは難しいが、原初的社会での宗教的装置における色の認識は、色を個から解放することになる。ここに、単なる個人的な「快」であった色が、集団的な「美」へ変容を遂げるのである。

　すでに述べたように、「赤」は原初的社会が形成される以前から、すでに「生」本能と直結した符号であった。つまり、それはヒトが生得的に「赤」に反応することから生じた信号であった。一方、原始社会の集団的意識を統括する宗教的祭祀および儀礼は、主観的知覚を客観的認識へと拡大させた。つまり、色は意識的に使われ、名付けられることによって社会性を獲得したのである。例えば、太陽も、明け方の東方の空の「東雲色（しののめ）」、日中の太陽の

「緋(ひ)」、夕焼け空の「茜(あかね)」雲など、時系列の変化を逐一抽出し、色名を与えている。「黄丹(おうに)」も太陽の色とされ、今日まで皇太子の袍に見られるのも、この唯一無二の存在という象徴性のためである。つまり日本の「赤」は「恐るべき精密さ」で細分化されたのではなく、「恐るべき精密さ」で「事物」が見出され名付けられたものが、後に「赤」へ集約されたというべきなのだ。他の色との対比関係でなく、あくまでも事物そのものを凝視し、そこに色と意味を見いだしたのである。自然界の事物の力や作用が自然の諸現象を司るとするアニミズムにおいて、事物を具象的に認識することは重要なことであったと考えられる。同時に、「第二性質」である色も、事物との関係において具象的に認識されることで、象徴性を有する美の概念に包含されるようになったのである。

本研究の目的および先行研究

　日本の赤を、「赤」に集約される以前の赤の範疇を定義し求める上で、まず色材そのものの物性に着目し、それらが示唆する意味を考えたい。なぜならわが国の社会文化史の基底にあるアニミズムにおいて、人間と自然および自然界の事物との関わりを無視することができないと考えるためである。色材である顔料と染料はそれぞれ鉱物・植物・動物の物性を有し、赤色材も例外では無い。それぞれの物性が自然界の位相において不連続な関係にある色材も、社会文化史の視点から俯瞰すれば連続したものとなる。例えば、赤にみる「禁色」や「赤不浄」など主体が矛盾する事柄も、社会文化史的視座からは「禁忌（taboo／tabu）」という共通する意味性をもつ。そして、その意味性は色材の物性に与えられた象徴性から、それぞれの相違を明らかにすることができると考える。

　よって本論の目的は、赤の範疇を構成する色材から色の概念を捉え直すことで、それぞれの赤に付与された位置と象徴性をもとに、日本における赤の意味を探り、それをとおしてわが国の社会文化史的思想における構造の考察

をめざすものである。

　各々の色材についての研究は、松田壽男『丹生の研究』(早稲田大学出版部／1970年)、市毛勲『朱の考古学』(雄山閣出版／1975年)、今田信一『改訂版 最上紅花史の研究』(高陽堂書店／1979年)、染色色材と固有色については、吉岡幸雄『日本の色辞典』(紫紅社／2000年) などに詳しい。また1994年目黒区美術館で行われた展覧会『色の博物誌「赤」神秘の謎とき』により、さまざまな考古学的、民俗学的資料、美術絵画などを事例として、われわれが赤に抱く様々なイメージを総覧している。このように、赤に関する研究は、歴史地理学、考古学、経済学、色彩学など様々な分野から先行研究がなされている。しかし、考古学上においては、さまざまな赤色顔料や赤色料などは総じて「赤色」「赤色物」とし、市毛においては「語感がよい」ことから、赤色顔料全般に「朱」という言葉を用いている[9]。民俗学において、赤は白(シロ／シラ) および青との対応で考えられ、また民間信仰における除災祈願で赤児の額に紅で描かれるとされる「大」や「犬」などは[10]、必ずしも紅花という限定された色材より得られた色、という意味合いで使われているばかりではなく、しばしば赤と紅は混同されているようである。他の研究分野においても、赤色顔料および染料など色材の詳細な個別研究がなされているにも関わらず、それぞれの固有色の位置付けおよび関係性は構造化されておらず、それぞれの色材の物性に付与された象徴性にまで踏み込んだものは多くはない。

　特に、紅色(アカ)は、天然染料の赤色材の内でも唯一「花弁」を使用する紅花(以下、引用部分を除きベニバナと記す) が原料であることからも、憧憬とともに物語られてきたものである。今田による『改訂版　最上紅花史の研究』(高陽堂書店／1979年)『べにばな閑話』(河北町／1980年) において、ベニバナをめぐる歴史研究が行われ、特に、前者は江戸時代を中心に奨励農産物として発展した紅花栽培および紅餅製造による経済効果や、それによる当時の農村のシステムの変化を詳細に研究している大著である。今田は別に『大町念

佛講帳』（河北町誌編纂資料編／1959～1960年）の編纂にも尽力し、これは当時の周縁の地における紅花の価値を知る上で貴重なものである。詩人であり色彩研究家でもあった真壁仁による『紅花幻想』（山形新聞社／1978年）では、中近東からシルクロードを旅することでベニバナの源流を探り、ベニバナの赤に馳せる様々な印象と憧憬を抒情豊かに著している。紅花交易による他県との文化交流については、矢作春樹「山形方言に残った京ことば」（『北海道方言研究会叢書　第五巻』）「紅花商人の雛祭り考」（『羽陽文化』第142号）でふれられている。また、原田善明「薬用としての紅花」（『羽陽文化』第18号）においては染料以外に用いられたベニバナ—漢方生薬として飲用や塗布による薬効—の観点からの記述がある。紅花染色に関しては、前田雨城『日本古代の色彩と染色』（河出書房／1979年）や、『日本の色辞典』（吉岡、前掲書）を始め、「延喜式」にのっとった染法を解説、技術復元されており、多くの染色関係の資料にて触れられている。また、ベニバナ生産地における染色のルポルタージュとして『日本の染織18紅花染—花の生命を染めた布—』（泰流社／1978年）がある。色彩の紅(べに)については、化粧史および化粧文化のなかでの記述は多く、紅(くれない)においては伊原昭『文学にみる日本の色』（朝日新聞社／1994年）や、谷田閲次・小池三枝共著『日本服飾史』（光生館／1989年）をはじめとする服飾史の研究において万葉・王朝時代の色彩—特に「禁色」および「襲色目」—の中でとりあげられている。前者は万葉集・古今和歌集など和歌にあらわれる色を抽出することによって、当時の色彩感覚を丁寧に収拾している。以上からも、赤は社会文化史と深く相関することが明らかであり、種々の先行研究を通して、固有の赤と赤色材への研究は充分になされるものの、例えば、『日本色彩辞典』（武井邦彦著、笠間書院／1973年）にみられる「くれない（紅）」（62頁）「べにいろ（紅色）」（124頁）はいずれも同色材から得られる色名であるが、いずれの色調も「わずかに紫みの赤」とされ、前者は「紅染によって染め出される色」とするのに対し、後者は「染色にこだわることなく、わずかに紫みのさえた赤」とされており、二つの違いは、染色に由来

するか否かといった程度で、用途や目的など曖昧である。このように、同じ色材による異なる二つの色名の必然性について不明瞭な点などからも、従来の色彩研究においては、色材における物性から色をみることが多くなく、さらには色および色材の使用者である人間やその社会および文化的背景が乖離しているように見受けられる。

　本研究の特徴は、色と色材をめぐる人間と自然界の事物との連関および攻取について考察し、日本の社会および文化史において従来、色を狭く捉えていたのに対し、色材の物性および用途等により構造化された赤の範疇から、日本の社会文化史を捉えなおすことを目的としている。特に自然から得られる色材を、描画による彩色や着色、染色など、人間が色を使用可能とした技術は、自然に属する物性から人間に属する物性への移行を可能にし、さらに顔料と染料に大別される色材における付着と染着といった着色の相違は、人間を軸とした事物の連関において、それぞれマクロコスモスおよびミクロコスモス的美の指向性を示唆するものと考える。このことは、赤をめぐる日本の社会および文化史を展望する上で、染色を一技術として看做すのではなく、美の指向性の一つとして提言する上での基礎的知見として重要である。

本研究の方法と構成

　本研究は、従来の赤をめぐる個別的な研究に対して、自らの染色作家としての制作プロセスを基礎に考察を行ないたい。現在まで自らの制作における使用色材は、主として化学合成染料（以下、化学染料とする）である。しかし、化学染料とは、初期の文明において発展してきた染色という ars における、科学的リサーチの集大成であると考えられる。化学染料の原点である天然染料における人間と自然と社会の構造を透かし見ることは、今日、われわれが重用する化学染料について、過去から現在まで連綿とつづく人間と色の連関の視座から、新たな意義をあたえることとなろう。以上より、本論文では天然染料をとりあげ、色をめぐる歴史的背景や日本文化論のフィールドを

踏まえ、色をめぐる人間と自然と社会の構造化をめざす研究方法で進める。

　本論文の構成は次の通りである。

　第一章では、色材を顔料と染料に大別し、アニミズムを中心とした原始社会における色と人間との関わりを、色材―赤色顔料―に求め、考古学の文献を資料に、歴史的な見地より最古層の赤について考察する。方法として、色名と密着する色材の物性的特徴に言及し、アニミズムを多分に引き受けた日本神話を手がかりに、色に付与された象徴性について明らかにしていく。さらに顔料の特性を検討することで、わが国の社会文化史の基底における赤の重要性について考察する。

　第一節にて色材を、色をあらわす材料だけでなく、色を物性から表象するものとして規定する。わが国の古代より使用頻度の高い赤色材を顔料と染料に分類し、それぞれの特性について自然界の位相をもとに明らかにする。

　第二節では、考古学および歴史的な見地より「丹」を最古層の赤と定義し、その出自とアニミズム的意義を重ね、神話を手がかりに考察し、所与の象徴性の基底について論及する。

　前節で明らかになった象徴性がどのように分化されたかを、第三節では、丹から発現する「朱」と「ベンガラ」を中心に考古学的見地および『古事記』や『日本書紀』など歴史的文献から考察する。さらに、色材の物性的特徴に依拠する色の象徴性と、人間の自然界の事物への認識―神話の成立―との類似点より、象徴性の分化と色および色名の発現と、その相乗作用についても言及する。

　第二章では、前章のアニミズム的自然と人間の連関において、視覚的・心理的に繋留するとした最古層の赤に関し、それを継承する染料色材としてベニバナに着目する。ベニバナは赤色素（カルタミン）と黄色素（サフロミン）を有するが、特にわが国では赤色素のみを抽出する染色法が今日まで継承されている。その一方で、抽出された赤は、他の黄色染料と混色されることで新たな固有の赤となるのである。その矛盾点に、わが国の社会および文化の

歴史において希求された赤を透かし見ることができると考え、色材ベニバナから得られる色の異なる色名「クレナイ」と「ベニ」を、それぞれ朱の系譜と丹の系譜において構造化していく。

第一節では、従来、クレナイは限定的にベニバナで染められた色をさすものと捉えられてきた。本論文では歴史的文献からそのクレナイについて考察し、その出現は付着する色から染着する色への分水嶺として染料植物を象徴する呼称であるとし、渡来技術との根深い関係から、朱の系譜にある色として考察を試みる。

第二節において、ベニは染料よりも化粧料として認識されており、「レーキ（lake）化」という染料と顔料の両義的特性を有していることに着目する。付着し染着する（＝浸透する）ことより、外的身体から内的身体へ移行する色と薬との根深い関係にあるところから、生薬と染料について、効能と色相の関係について分類、対応することで、ベニを丹の系譜にある色として考察を試みる。

以上の考察から、第三節では、ベニバナをめぐる染色の矛盾（赤色素のみ抽出・染色／抽出した赤色素に他の黄色染料を混色する）について、わが国の社会と文化に並列する二つの潮流—アニミズム的思考とヘゲモニー的思考—の存在を示唆し、それが赤の範疇を形成していくことに言及する。

第三章では、赤の範疇を形成する社会および文化史的事例として、江戸時代のベニバナをめぐる交易における上方（消費地）と東北の最上地方（生産地）の紅色（アカ）認識の形成について、かつてベニバナ生産地および集積地であった山形県西村山郡河北町（かほくちょう）谷地（やち）に現存する雛人形および「谷地雛まつり」にみる「オヒナミ」と「雛膳（ひなぜん）」を通して考察を試みる。

第一節では、まず、近世以降発達した商業経済にみる消費と生産における中心と周縁の変容および社会構造から、生産地と消費地における紅花交易のシステムを整理することで、生産と消費のヘゲモニーにおいて生じた中心と周縁を介在する「紅花商人」という媒介者の特殊性にふれ、そこに作用する

政治的力学について言及する。

　次に、第二節では、近世の分業体制による色材（＝ベニバナ）と色（＝化粧料および染料の紅色）の破線的関係から、加工を経てあらたな媒介物（＝雛人形）により、色が逆流することとなった生産地における「赤」色の象徴性を明らかにする。方法は、当時ベニバナの生産地および集積地の一つであった、山形県西村山郡河北町谷地に残る雛人形と、現在まで続く「谷地の雛まつり」を事例に、当地での聞き取り調査をもとに、生産地における「赤」の象徴性と雛人形の関係について考察を試みる。舶載品である雛人形は、生産地における「赤」にどのような影響を与えたかを明らかにし、生産地におけるアニミズム的思考の存在と再醸成について試論する。そして、まとめ（第三節）として、中心と周縁における象徴性の差異による「赤の力学」が、多元的象徴性を育むことになった一方で、それぞれの象徴性を醸成する風土的な差違における離齬が、一元的な「赤」に集約する契機について示す。

　本論文では、自然―人間―社会の構造において独特な色認識をもつ「赤の範疇」は、社会構造とともに変容しながらも、常に社会構造の基底にある最古層の赤に由来するアニミズム的思考に影響していることを考察する。それは、人間が形成する社会および文化の構造そのものが、人間の営為における土壌および風土的条件に多分に依拠していることをも意味する。物的象徴性から事物を認識し、自然を加工することで文化を創出した人間の営みとしての色は、現象として人間の知覚に訴えるだけでなく、人間の認識や想像力にはたらきかける存在として重要なものである。染色表現を成立させる一要素である色を色材から再定義し、染色の本質的意義を問い直すことは、今後のこの分野の研究および実技制作の方向性を見定める上で有効であるだけでなく、膨大な時間と人間の智恵の痕跡を有してきた染色に対し未来への展望を広げるものと考え、これを結論とする。さらに、本論文は、近代性（モダニティ）とともに、記号的で単一的な色概念となった「赤」についての序論となるだけでなく、本来的な「赤」―多元的象徴性を有する「赤の範疇」―をモジュールと

することで、脱近代性(ポスト・モダニティ)における多文化主義的視座を獲得する一つの契機および緒口となるものである。

注記
1）田中義久「文化」見田宗介・栗原彬・田中義久編『社会学辞典』弘文堂／2002年、780頁
2）一般には国家の覇権、政治運動の指導権に用いられるが、イタリア共産主義の思想家であるグラムシによって、近代国家の強制装置である「政治社会」とヘゲモニー装置である「市民社会」の融合とし、社会分析の中心概念とされた。本論文では、二つ以上の関係における主導権および、それをめぐる力関係として扱うものとする。
3）自然の内側に布置される人間が、宇宙的混沌を「美」的秩序において認識し、自然に働きかける技術を「美術」ととらえ、人間によって新たに形成された成果を、本論における社会文化史とする。
4）福井勝義によると、B. バーリン・P. ケイは、共著 *Basic Color Terms: Their universality and evolution* (University of California press／1969年) において、98言語をもとに、その色彩語彙を検討した結果、「色彩基本語」の数に着目し、7段階の色彩認識による人間の進化論を提唱した。福井勝義『認識と文化―色と模様の民族誌』東京大学出版会／1991年、38頁
5）ドミニク・ザーアン「白・赤・黒―黒人アフリカにおける色のシンボリズム」による。小林康夫『青の美術史』ポーラ文化研究所／2001年、11頁
6）ヴィクトル・ターナーは、アフリカ・南ローデシアのルンタ族ンデンブー村落での研究において、黄およびオレンジが赤、青は黒に扱われることから、すべての色が、赤、白、黒の三色に還元されるとした。山口昌男「黒の人類学」『人類学的思考』せりか書房／1971年、193頁〜198頁
7）大岡信「古典詩歌の色」『日本の色』朝日新聞社／1980年、69頁
8）ジョン・ロックはその認識論において、物の性質に第一性質と第二性質があると考えた。一次性質とは、物があるということに存し、個性、延長、形状、運動、静止、数を生じるといった量的性質を指し、二次性質とは、ものそのものに存するのではなく、ものの一次性質が感覚されると生じる質的性質を指す。
9）市毛勲『朱の考古学』雄山閣出版／1975年、32頁
10）近藤直也『祓いの構造』創元社／1986年、156頁

第一章　赤の基層
　　——アニミズムとヘゲモニー——

第一節　色材について

1.1　色材——色の知覚における必然——

　古来日本における色を表す言葉は、アカ、クロ、シロ、アオの四色であり[1]、それぞれ「アカイ（アカシ）」「クロイ（クラシ）」「シロイ（シラム）」「アオイ（アオシ）」といった、事物のもつ性質や状態などを接続的・静態的属性において形容できる抽象語でもある。ここでいう性質や状態とは、それぞれ対となった「明暗」＝アカ（明）とクロ（暗）、「顕漠」＝シロ（顕）とアヲ（漠）といった光の状態とし、光の有無、強弱の状態をあらわす二系列の用語が、色を表すために転用されたという。古来において色は光と同義であり、かつ明暗的知覚が主であったといわれる[2]。
　科学的側面から、色は、光によって感じる物の感じ方の一つとされ、物に当たる太陽光線のうち、吸収されないで反射されたものを人の眼が受けると、その物の色としてうつる、と定義される。生理学的には、目の網膜にある視細胞の錐状体という細胞が、波長が380〜780nmの光（可視光線）に刺激されて起こる感覚であり、色を感じる波長の光はすべての太陽光（白色光）に含まれ、分光器にかけると、光の波長の違いで赤・黄・緑・青・紫などの色光がスペクトルとなってあらわれる。これは1666年物理学者ニュートン（I. Newton）によって発見された。つまり、白色光のなかには様々な色光が含まれており、これが、われわれの視覚に色を感じさせることができるので

ある。このような光と色の密接な関係を、科学的に解明されるよりも以前の古来の色を表す「アカ」「クロ」「シロ」「アオ」が示唆していることは興味深い。その一方で、人間の色覚には10万色以上の識別能力があるとされており[3]、それらの色差を、光の明暗や顕漠のみで示し分けることは不可能であるといえよう。このように微細にして膨大な色を認識するためには、色光を感じとる人間の生理的能力だけでなく、色光を刺激に変換する媒体が必要である。

　色を目に感じる受光経路は、１．光源色（光源そのものに色があるもの）、２．透過色（投射した光が、物体を通過した光の色）、３．表面色（物体の表面から光を反射することによって現れる色）の三種類があり、これらが目に入ることで人間は色を感じることができるのである。プリズムを介して光が分光される時、われわれはそこに色光を確認できるが、しかし、光を直視し、直接的に純粋な色を見出すことはできない。それは、物体の表面色（物体が固有にもつ色）である「色素」に色光が反射して、はじめて色という観念を得ることができるためである。色とは、物体を反射する光であり、光を反射させる物質の色素である。色には光の存在が不可欠であるが、同時に物質が有する色素の存在がなくては、色を色として知覚することはできない。すなわち、色光をわれわれに受容させる媒体の一つが色素であり、多様な色素があるがゆえ、10万色にわたる色を知覚できるのである。同時に、物質それぞれのさまざまな色を、意識的に見出し、それらの物質および色を有意なものとして認識しはじめることになろう。

　以上から、人間と物質の関わりは、色を知覚するといった生理的側面において、無意識的・受動的なものであるが、色差を識別するといった認知的側面からは、意識的・能動的な関わりとなると考えられる。茫漠な自然において、色をひとつの手がかりに、人間がそれらを知覚し、特に有意な事象や物質を見きわめたであろうことは想像に難くない。見きわめる際、意識的・能動的に色を識別すると同時に、色素を有する物質は、人間にとって特別な意

味を持ちえたのではないか。

　そこで次節より、微細にして膨大な色を認識する人間が、色をとおして、自然の事物をどのように知覚し認識したのかを、人間の意識的・能動的な関わりによって得られた色素を有する物質（以下、「色材」と記す）から探っていく。これらの考察を進めるにあたり、まず、色材の基礎的知見となる材質および用途を通覧する上で、顔料と染料に大別し、それぞれの特性について述べる。

1.2　顔料の特性

　いろどりを意味する「顔」の代である顔料（pigment）の原義は、原始・古代における祭祀、呪術で使用される化粧用色料のことで、顔や身体へ容易に塗布することができ、また除去できる性質をもつ。顔料は、水・アルコールなどに不溶性の性質を有し、混合する物質と作用せず、所定の色を呈する不透明物質である。土の中に含まれる金属の酸化物もしくは硫化物などの無機顔料と、水溶性の染料の色素に、金属塩など不溶性の微粒子の不活性無機物を定着させ、不溶性にしたレーキ（lake）化[4]による有機顔料がある。その用途は不溶性の性質を活かし、油絵具や水彩絵具や日本画の岩絵具、パステルやクレヨンといった画材のほか、化粧料などに用いられる。画材の場合、色素定着と乾燥時の剥落防止をかねて、亜麻仁油（リンシードオイル）または芥子油（ポピーオイル）・テレビン油や膠（にかわ）など透明で弾性に富む媒体（medium）で練り、接着性を持たせる。この媒体を一般に展色材といい、膠や油、卵、澱粉、樹脂等顔料を固着させ質感を決定する材である固着材（膠着材）の違いにより、透明水彩、ガッシュ（不透明水彩）、油絵具、アクリル絵具といった絵具の種類に分けられる。

　無機顔料の赤色材には、水銀系、鉄系、鉛系に分かれ、有機顔料ではコチニールやラックカイガラムシ、ケルメスなど臙脂虫とよばれるカイガラムシ類の昆虫や、紅花、茜など植物からとれる赤系染料をレーキ化したものがある。

1.3 染料の特性

　染料（dye）は水溶性の有色物質である。水溶性という性質は、染料の繊維に対する親和力（＝染着性）に富むといった、長所でありながらも同時に水に溶け出しやすいという短所を有し、色がにじむ、褪せるなど変色しやすいという欠点もある。主に衣服等繊維製品の主要な着色材である染料は、日常生活のさまざまな負荷—洗濯や日光、汗、摩擦—に対して、高い堅牢度が求められた。古く天然染料を染草（そめくさ）とよび、ほとんどの植物には色素が含まれているため染料として使用可能な植物は数千種を超えるといわれている日本においても、実用に適うものは数十種程度とされている[5]。平安時代に編纂された『延喜式』の巻十四「縫殿寮（ぬいどのりょう）」の「雑染用度条（ざっせんようどのじょう）」（A.D. 905～927年）に記されている色材も約20種類程度であるのは、染料として実用に耐え、安定感のある染草が少ないことの表れである。赤系の天然染料は、紅花、茜（日本茜、インド茜、六葉茜）、蘇芳などの染草や、コチニールなど臙脂虫から抽出されるものとある。単色性染料（直接染料）である紅花は、染料から色素を抽出した水溶液である染液で繊維に直接的に染色できるものである。一方、茜、蘇芳、コチニールは、多色性染料とよばれる。単色性染料とは違い、ただ染液に浸すだけでは染着しないため、染色するには媒介物が必要となる。この媒介物は水溶性の金属化合物を使用し、繊維と染料を結合させる「媒染」という方法をとる。媒染剤には、古くは草木の灰汁（あく）、金気を含有した湧き水や泥土、歯を黒く染めるのに用いたおはぐろ[6]、明礬[7]を使用し、今日ではこれら以外に塩化アルミニウム、酢酸アルミニウム、木酢酸鉄、塩化第一鉄、硫酸銅、塩化第一銅、塩化第一錫、重クロム酸カリ、酢酸クロムなどがある[8]。媒染剤のほとんどは水溶性の金属塩で、これによって染液を繊維の上で、いわゆる「レーキ化」するのである。そのため多色性染料は繊維に染着し、また媒染剤の種類によって一つの染料から複数の色の相を得ることができる。

色材は、水やアルコールなどと親和性があるか否かという性質の違いはあるが、顔料・染料ともに、1856年にイギリスの化学者パーキン（W. H. Perkin）により合成染料が発明されるまで、自然の中から抽出される色素を素材としてきた。そして、興味深いのは、無機顔（染）料、有機顔（染）料ともに、鉱物、植物、動物といった、それぞれ自然の位相[9]を有している点である。そこで、第二節では、自然から抽出される赤系色材の色名の来歴について、それぞれが属する自然の位相との関わりに着目し、自然の位相にみる最古層の赤について明らかとする。さらに、最古層の赤に付与された象徴性を手がかりに、種々の赤系色材の関わりを整理するとともに、わが国の社会および文化における赤の意義を再考する。その上で、色をめぐる人間と自然の一連の関わりにおいて、「自然」―「人間」―「社会」の連関する象徴的形態を文化とみなす、わが国の社会文化史の基底を探る一考としたい。

第二節　丹（に）にみる社会文化史の基層

2.1　最古層の赤

赤系顔料には、主に鉱物から抽出される無機顔料と、植物・動物（虫）からとれる有機顔料がある。無機顔料では、朱（しゅ）（水銀朱・硫化水銀（Hgs））、鉛丹（えんたん）（四酸化三鉛（Pb_3O_4））、ベンガラ（酸化第二鉄（Fe_2O_3））、アンチモン赤、カドミウム赤などがあるが、考古学の見地から、日本古代においては、主に水銀朱、ベンガラ、鉛丹に限定されている。いずれも化合物であり製造可能であるが、とくに水銀朱とベンガラは天然に産するものが利用された。

考古学的知見から――『魏志』における朱と丹――

朱は、現在も絵具で多く用いられるバーミリオン（vermilion）のことで、その成分は硫化水銀である。これは、天然に産出される天然水銀朱と、水銀

に硫黄を化合することで造られる製造水銀朱にわけることができる。朱の別名である真朱を天然水銀朱とするものや、製造水銀朱とするものや、資料[10]によってもさまざまであるが、天然水銀朱こそ真朱とみなすのは、「御下賜品」であったことに由来する。現在の香港北部に位置する中国湖南省辰州(しんしゅう)で採れる天然水銀朱が最も良質であるとされ、そのために天然水銀朱を「辰砂(しんしゃ)」と呼び、天然の朱はそのほとんどが中国より輸入されたものと考えられてきた。そして、『魏志』東夷伝倭人の条に、239年、「真珠」が邪馬台国女王へ下賜され、243年には、生口（奴婢）、倭錦などとともに「丹」を魏に献上したと記録されているが、ここでいう「真珠」とは市毛によると真朱のことで、輸入された真朱が中国原産の天然水銀朱の辰砂で、丹は日本で産出されるベンガラとされてきたという。しかし、考古学では、辰砂は古代日本でも多量に採取されたとし、多く出土した土器や古墳内部施設にみられる赤彩色物のうち天然辰砂の場合は日本産のものとしている。先に見た『魏志』にあらわれる真朱と丹は、当時の赤系色材として広く用いられ、価値あるものとして流通していた証である。市毛は、真朱を良質な辰砂か人工水銀朱とし、丹を自国生産された辰砂とし、魏では水銀の原鉱、倭では古墳内部装飾や施朱[11]にみられるような鎮魂の具とそれぞれ価値観に相違があったとしている[12]。以上のことから、わが国では、天然水銀朱を「辰砂」という以前に「丹(に)」と呼び習わしていた点に注目し、本研究では「丹」を日本の赤の最古層に位置付けることとする。

2.2 「丹」の呼称

「タン」≠「ニ」

「丹」は、古代中国に発生した文字である漢字の字形から「井戸枠の中から現れ出たもの」を表す会意文字で、その音は「タン」である。「現れ出たもの」とは採掘された辰砂のことを指し、辰砂が含有する水銀から造られる丹薬(たんやく)や丹液(たんえき)といった言葉からも、「タン」は今日認識されている朱に相当す

る。朱に含まれる色名には鉛丹、鉄丹などがある。しかし、本研究において赤の最古層とする丹は、日本本来のことばにあててよんだ「ニ」と呼ぶ。『養老律令』「衣服令」で皇太子の袍に定められた禁色「黄丹」が鉛丹の別名[13]であることから、丹を「ニ」と訓む色はわが国固有の名称ともいえよう。丹は、「タン」と「ニ」では、同じ赤でも本来的には違うものを示しているのである。『広辞苑』によると「ニ」は、地・土の意を表す「ナ」の転じたものとされ、その意味をつち、赤色の土、あかつち、あかに、(赤土で染めた)赤色としている(口絵1)。

「赤土」成分内のベンガラと天然水銀朱

実際に、わが国の水銀鉱床の母岩は、古生代から新生代にわたる各地質時代の火成岩、堆積岩、変成岩などの岩石で、その地層中に輝緑岩や英粗面岩が貫入しているとされている。水銀鉱床の母岩からは、水銀朱とともにかならずベンガラも産出した。赤鉄鉱や酸化鉄を含む赤土であるベンガラは日本全土どこにでもあり、古墳時代の石室壁面にみられる施朱は、ほぼベンガラであるとされ、古代日本の赤色顔料の主体でもあった。古墳内部壁面に用いられたベンガラは、装飾のみならず実用として用いられたとの見解もある[14]。これらは、丹の成分をベンガラとみることを裏付けるものである。ところが、赤土である「ニ」は、ベンガラはもちろん天然水銀朱も産出するのをふまえれば、丹はベンガラと水銀朱が未分化の赤土の意を持つ名称であると同時に、天然に産出するわが国最古層の赤の色材といえよう。赤い色は生命の源である血の色でもある。さらに、さまざまな生命を育み生み出す「土壌」という生来的な能力が加わることで、アニミズムを中心とした古代社会において、土(ナ)からの転訛である丹(ニ)に、神秘的な生命力や固有の霊的存在の意思や働きを見出したのは当然の成行きであろう。土中から突然露頭する鮮明な赤への衝撃は、われわれ現代人にとっても視覚的訴求力を感じることができる。古代人にとってアニミズム的意義をもつ土から生じる丹

に、強靭な生命力の象徴を見出し、単なる色材を超越したであろうことは想像に難くない。

そこで、最古層の赤の象徴性に迫るため、丹をめぐる古代人のふるまいについて、土にまつわる種々の神話から探るとともに、アニミズムにおける土の意味を援用しながら考察を試みる。

2.3 「丹(に)」の物性――神話にみる土の意味――

土にみる「人間の創造」と「天地創造における神」

土のもつ豊穣性は、汎世界的な「人間の創造」のモチーフともなっており、多くの神話に見られる。中国やシュメールの創世神話では、それぞれの創世神が、粘土を混ぜ合わせ、地の底から取り出した粘土で人間を創造し、同じようにギリシア神話では、大地に天の種子が眠っていることを知っていたプロメテウスが粘土をとり、それを川の水で濡らして捏ねてつくった神々の似姿に、様々な動物の能力を与え、それに知恵の女神アテネが神々の息吹(=心)を吹き込むことで最初の人間がつくられたとしている。アフリカのヨルバ族ではそれと同じように粘土から人間を創造したが、創世神であるオバハラとオドゥドゥアのそれぞれ造った人間が、異なる部族(イグボ族とヨルバ族)になったという神話がある[15]。

日本の神話では、「古(いにし)へ、天地未だ剖(わか)れず、陰陽(おんよう)の分れざりし時、渾沌(まろかれ)たること鶏子(とりのこ)の如く、溟渒(くぐも)りて牙(きざし)を含(ふふ)めりき。その清陽(すみあきらか)なるもの薄靡(たなび)きて天と為(な)り、重濁(おもくにご)れるもの、淹滞(とどこほ)りて地となるに及びて、精妙なるが合ひ搏(あふ)ぐは易く、重濁れるが凝り堨(かた)まるは難ければ、天まづ成りて地、後に定まる。然る後に神聖(かみ)その中に生れましき。」と、未分化で混沌とした状態にあった原初の宇宙がはじめて天と地に分化した経緯が、『日本書紀』にて語られている。原始の地は重く濁った気の集まりとして、物理的・象徴的な重力を無視できない存在であると捉えられていたことがわかる。また、神話世界では、天地開闢の際に現れた、地を固め国を形成する七代の神である「神世七代(かみのよななよ)」のう

ち、一代二柱の男女対称神である宇比地邇神・須比智邇神[16]は、泥や砂で大地の形を現わし、これは先例の神話に見られる粘土による創造と同列のモチーフであるが、人間ではなく大地を創造している。他の神話に見られるような粘土から人間が創造されるモチーフは、神世七代の最後に現われる伊邪那岐神・伊邪那美神[17]の二柱による神生みに見ることができるが、創造されるのはあくまでも「神」である。神道でいうところの神は、氏族の始祖を祀ったことが始まりとされ、その始祖を氏神としているように、日本の神話に見られる神は人間との間に本質的な差異がないのが特徴である[18]ことより、伊邪那岐神・伊邪那美神が産み出した多くの神々は、人間の生をめぐる様々な理——火や水、山や海など自然がもたらす恩恵や脅威、人間の生活の基本となる衣食住の充実など——の象徴化であったと言える。言い換えれば、日本の神話にあらわれる神は、人間その他の生物の生死を直接的・間接的に掌る自然を人格化し、人格化された対象は神格化し、人間の抱く畏怖や感謝、そしてそれを避けるもしくは招く祈願がそのまま投影されているとみることができるのである。

日本神話の土——波邇夜須毘売神にみる両義性——

　以上をふまえ、日本の神話における土（＝粘土）の神・波邇夜須毘売神の出自は注目すべきであり、人格化された土の象徴性とみることができる。『古事記』に登場する波邇夜須毘売神は、『日本書紀』で埴山姫、埴山媛、埴安神と記される土の神である。名にみられる邇（ニ）／埴（ハニ・ヘナ）は、土（ナ）をあらわし、邇はその音から丹と同義とみられ、また埴は粘性があり土器や陶器に用いられる土を指す。波邇夜須毘売神の出自は、『古事記』では伊邪那美神が火の神である火之迦具土神の出産で陰部に火傷を負い、その苦しみから糞放ることから生まれた神である。ただし、その神名は単なる土の神ではなく、波邇は、ホニ、すなわち火の古形（ホ）と土（ナ）が合わさる、つまり土を焼成して造られる土器や陶器を連想させ、また五行の相

生[19]「火生土(かしょうど)」をも連想させるのである。一方、瀕死の伊邪那美神の排泄物から生まれるという状況は、二重の忌諱に触れている。死後の伊邪那美神が向う黄泉の国は地下にあり、自然の猛々しく動的な力で人間を翻弄する荒魂(あらみたま)の神々が住み、常に暗黒で死者の霊や悪霊が跋扈するとされる古代信仰および神話世界にみられる死者の国である。死は最大の穢れを意味し、畏怖の対象であった。また糞は、素戔嗚尊(すさのおのみこと)が犯した天つ罪である「糞戸(くそへ)」が大祓の詞にみられるように、古代信仰の言霊において最も穢れを象徴し同時に呪詛としての力を持つものであった[20]。現在でも「へたくそ」など罵詈にその名残がみられる。興味深いことに、陶土と糞が結び付けられている神話が南米でもみられ、糞が蔓植物に置換されている場合があり、これをレヴィ＝ストロースは、「否定的な共示義を帯びた形の定まらぬものという範疇に属する」としている。この形の定まらぬものの延長線上には血や内臓も含まれ、いずれも外化することを忌避する、生における否定的な状態と捉えられているのである[21]。

　水分を与え捏ねることで造形行為に適う土の物性は、種々の神話にみる「人間の創造」や、造形力の人格化ともいえる神として表されている。その一方で、焼成以前の土特有の「形の定まらなさ」は、穢れの象徴として忌むべきものともなっており、物性により相反する象徴をもつ点は興味深い。

2.4　丹(に)の象徴——土の両義性から——

　アニミズムを中心とした古代社会における土には、植物を始め多くの生命を涵養する力や、火と合わさることで土器を生成する造形性を肯定的とする一方で、糞や死といった忌避すべき対象でもあったことが明らかとなった。土による造形の一つである土偶は、そのフォルムより大地の生産力を託したとされる妊婦型が古代遺跡より出土する一方、手足や首がわざわざ破壊されたものも多く発掘されている。土偶はアニミズムのもと生を営む人間にとって、自然への感謝と畏怖を託す存在であった。これら土偶にみる生産性と破

壊性は、人間にとっての自然そのものであり、また土偶という形代(かたしろ)が土からつくられた由縁であろう。形代とは、祭祀・儀礼において、神霊の代わりに据えたものを指す。そこには生と死のどちらにも作用する力を有する、両義的な土の性質と意味が見えてくるのである。

　これら土の両義性から、丹も同様の両義性を有し、丹を色材とした最古層の赤にも両義的意味があるとみることができよう。かくして、赤は、その揺籃期において、すでに生と死、肯定と否定、清浄と汚穢という相互に排斥しあう力関係を懐孕することとなったのである。

第三節　朱とベンガラの発現にみるヘゲモニー

3.1　丹の分化――選鉱技術の進化と目的――

丹に内包される二つの赤――朱とベンガラ――

　丹(に)は、辰砂(しんしゃ)（＝天然水銀朱）や赤鉄鉱、その他の不純物が混在する赤色を呈する天然原鉱である。丹に含まれる辰砂は現在色材として用いられる「朱(しゅ)」であり、赤鉄鉱や酸化鉄を含む赤土は「ベンガラ」である。それらを抽出するには、簡易なものでは原鉱を細かく砕き得た。徳島県の若杉山古墳からも出土した石製杵・臼の接触部に確認される赤より、初期古墳時代の石杵と石臼は、しばしば水銀原鉱の粉砕に使われたとされる。さらに粉末状になった原鉱に水を注入し撹拌、次に静止させ辰砂とベンガラの比重差を利用して選鉱された。辰砂の比重は8.09、共に産出するベンガラは2.0のため、先に撹拌後、沈澱した部位より純度の高い辰砂を得ることできる。このように両義的象徴性を有する丹に内包される固有の二つの色―朱とベンガラ―が物理的に選鉱、抽出されたのである。

選鉱分離の背景——考古学的知見による丹の用途から——

　丹の特質は用途から、考古学においてⅠ期とⅡ期にわけられている。Ⅰ期は日本最古層の赤として、赤色色材として利用され主に古墳から発掘される土器彩色、古墳壁面装飾、出土埴輪彩色の他、「施朱（せしゅ）」とよばれる朱を中心とした赤色色材で死者に彩色を施したものなどに見ることができる。Ⅱ期は、天然水銀朱の成分である硫化水銀を化学反応によって水銀と硫黄に分解し、金銀を製錬するためにアマルガム[22]として用いられた時期である。平安時代末期に成立したとみられる説話集『今昔物語集』にあらわれる「水金」「水銀」の説話や、『続日本紀』天平神護二年三月条の記録—大山上安部小殿小鎌が辰砂採掘のために伊予国まで派遣されたという記事—から、7世紀中頃には鍍金のために辰砂採掘をおこなっていたとされている[23]。つまりⅠ期は縄文時代後期〜7世紀以前、Ⅱ期は7世紀以降ということになる。原鉱辰砂から汗のように吹き出る自然水銀以外に、辰砂の成分である硫化水銀を気化し、気化したガスを冷却することで硫黄と水銀に分離するエア・リダクションという方法により水銀を得た。中国では古く殷の時代の祭祀用朱塗戈において、すでに進んだ鉱物処理をおこなっていたとされており、水銀によるアマルガム法は「黄冶」とよばれ、紀元前2世紀末から紀元前1世紀初頭の前漢時代の武帝に上言されており（『史記』封禪書）、紀元3世紀頃の張華による中国の奇聞、伝説集『博物志』になかでは、「丹朱を焼けば水銀を成す」と述べられている。つまり、中国では早くから色材ではなく水銀の原料となる水銀朱＝辰砂を求めていたのである。一方、日本でも7世紀中頃にはアマルガム法は確立されており、東大寺の大仏もその技術によって造られた。だが、7世紀以前にすでに辰砂から水銀を分離する方法が日本にもあったとも推測されている[24]。いずれにせよ、わが国において、純粋に実用品としての水銀を求めた時代は、やはり7世紀以降からといえよう。このことから日本は中国に比べ、辰砂から得られる朱を長く祭祀的・呪術的に用いる色材としてきたと考えることができる。前掲の『魏志』東夷伝倭人の条にみられる下

賜された「真珠」と献上した「丹」は、3世紀という時代背景より、中国においてはすでに辰砂や赤鉄鉱（ベンガラ）、その他の鉱物が混在する丹を精製し、より純粋な朱の抽出ができ、その朱からさらに水銀を抽出することは容易であったと想像できるのである。そして、その精製された朱（天然水銀朱もしくは製造水銀朱）である真朱は、その混じりけのない鮮やかさにより、祭祀用として十分に適うものであったのであろう。赤土の両義的・包括的象徴性を有する丹から、特に朱を抽出する背景には、不老長寿の薬─「丹薬」─として利用される「神仙思想」の渡来に求める説もあるが[25]、もしこの説を支持するのであれば、薬の意を、今日的な病気や傷の治療・予防に用いられる実利的なものではなく、語源ともなる「くすし（奇）」にみる呪術的な色合いが濃いものであったと考えるべきである。

　以上のことからも、丹より得られる二つの赤─朱とベンガラ─は、アマルガム法など実利的な水銀利用のためではなく、当時の祭祀や儀礼における物理的・心理的な色材利用のため、丹より先行分離されたと考えられる。祭祀・儀礼のさまざまな目的に合わせ、色もまた、さまざま必要であったであろう。こうした背景より、丹より得られる種々の色差を選別する過程において、朱およびベンガラの発現をもたらしたと推察される。丹を物理的に朱とベンガラとに分離し、それぞれを抽出するに至る経緯とともに、用途も意識的に変えたのではなかろうか。

3.2　朱とベンガラの色差──色名と字形による表意から──

朱

　すでに述べたように、朱の色材は辰砂であり、天然物（口絵2）だけでなく、水銀と硫黄を化合することで製造水銀朱を造ることができる。日本画材では、粉砕の細かさによって色みが変化させられるため（口絵3）、辰砂も製造水銀朱も幅広い色みを作り出すことができる。特に製造水銀朱による顔料は「銀朱」とよばれ、細かくするほど黄味が強くなり、さらに焼成温度の違

いによって茶、紫、黒といった暗褐色の調子もつくることができる。しかし、一般的にはマンセル値は6R5.5/14と指定された色みを朱色とし、JIS慣用色名によると「bright yellowish red（あざやかな黄みの赤）」と解説されている。他方、『日本の色辞典』では「わずかに黄みがかった鮮烈な赤」とされ、松田は「まぶしいような赤色」[26]「むしろ紅色で（中略）この世のものとは思われない赤」[27]と説明する。このように、朱色を限定的に示すことは困難であるものの、鮮やかさにおいてはいずれも共通しており、古墳からの出土品にみられるように[28]、その鮮明な赤い色は時代を経ても不変である点が特徴であるといえる。

　日本神話の日神である天照大神（あまてらすおおみかみ）が籠った天の岩屋戸（あまのいわやと）の隙間に差し入れられた「鏡」[29]は、日光を反射し増幅する装置であってのことだろう、天の岩屋戸の開扉は「世開け＝夜明け」を意味する。朱は「朱羅引（あからひく）」（『万葉集』）のように、「あか」「あけ」とも訓み、これは「明け」「開け」に通じることからも、その色に太陽光をみていたことを窺わせる。一方、朱の字義は牛に横棒を加えた象形文字であることから、牛を胴切りし吹き出す血を表すという説[30]や、木を横棒で断ち切るといった、抽象的な概念を象徴的に記号化し字形とする指事文字で、朱は木の切り株を表し、転じて切り株に現れる赤色を表すとする説（『字訓』）があり、血に喩えている。しかし、いずれも外見上はわからないが、「開ける」「切る」などの行為によって、その内側に隠されているものが現出することを指し示している。それは、原鉱を採掘し粉砕する抽出法をそのまま彷彿とさせるものである。

ベンガラ

　ベンガラは赤土にふくまれる酸化鉄で、日本全土において採取できる。酸化第二鉄（赤色酸化鉄、酸化鉄（Ⅲ））を主要な発色成分とする。天然には赤鉄鉱（酸化鉄（Ⅲ））（口絵4）を粉砕利用し、人工的には水酸化鉄（Ⅲ）による鉱物性色素である。ベンガラのほか、丹、ベニガラ、鉄朱、鉄丹、酸化鉄な

どとよばれている。顔料にはマルスレッド、レッドオーカー、ライトレッド、ベネシャンレッド、インディアンレッド、テラローザ、ターキー赤、鉄赤、鉄丹などあり、同じ酸化第二鉄による赤色であるが調子が異なる。なお、JIS慣用色名では「弁柄色」とされ、その色みは、「reddish brown（暗い黄みの赤）」、マンセル値は8R3.5/7となっている。朱と比較すると、色相は同じ赤（R）の仲間でありながら黄赤（YR）に寄り、より低明度・低彩度で鈍く、朱の鮮明さに比べ、茶系に属する暗く沈んだ印象の色である（口絵5）。ベンガラはインドのベンガル地方で良質のものが多く産出され各地に舶載されたことが名の由来とされ、日本名では「弁柄」「紅柄」「紅殻」「榜葛剌」など当て字された。しかし、古代には「楮」（そお・そほ・そほに）「楮土」とよばれ、その字形には赤いものの意が込められていたという[31]。ベンガラは、人工的には焼成し得ることができる顔料であることから、「そほ」の「ほ」は火と関係しているように思われるが、古代の日本では、丹に多く含まれている赤鉄鉱から比較的簡単に採取できるとされているため、わざわざ製造したとは考えにくい。一方、神代文字の一つであるホツマ文字では、日本語の五母音である「あ、い、う、え、お」が宇宙を構成する五元素—空、風、火、水、埴（土）—と対応しているとする[32]ことに着目すると、「そお」の訓みから、丹と同じく埴＝赤土という意をもつと考えられる。土から造られる埴輪が原型とされる案山子[33]が「そおず（そほどの転）」と呼ばれることも、楮に付与された即物的な暗示のひとつとして考えたい。

朱とベンガラ——色差による象徴性——

　赤の最古層に位置し、両義的象徴性を有する丹をさらに選鉱することで、鮮明で眩いやや黄みをおびた赤—朱—と、鈍く暗い色調の赤—ベンガラ—を得ることができ、その色名から前者は、日本的解釈では太陽光、中国的解釈では血を、後者は、日本的解釈では土、中国的解釈では赤いものをあらわしていることを考察してきた。このことは、丹から分離した朱は、赤土から離

れ、より連想価の高い象徴性を獲得し、一方のベンガラは、土に由来する丹の要素をそのまま継承しているかのように見える。色みも同じ赤系でありながらも、明度・彩度がそれぞれ高低の垂直ベクトルに分かれたことが、朱とベンガラそれぞれに、新たな象徴性をもたらすこととなったのではなかろうか。

3.3 歴史的文献にみる用途

　『古事記』や『日本書紀』、『風土記』、『万葉集』など歴史的文献から、日本古代文化を繙く先行研究が数多くみられるなか、当時の色および色名も、例外なく多分に『古事記』、『日本書紀』、『風土記』、『万葉集』に依拠している。赤および赤の範疇に属する色材についても、「丹塗（矢・矛）」（『風土記 山城国逸文』）、「さ丹塗り」、「丹摺り（袖・衣）」（『古事記』『万葉集』）、「丹裳」、「丹浪」（『風土記　播磨国逸文』）、赭（＝ベンガラ）は「赭を掌に塗り、面に塗り」（『日本書紀』）、朱は「真朱（の色に出て……）」（『万葉集』）「朱羅引」（『万葉集』）や、形容詞として使われる例もある。他に「赤土（命）」（『日本書紀』）や「赤（き）玉」（『古事記』『日本書紀』）、「赤心」、「紅き（紐）」（『古事記』）「赤裳」（『万葉集』）、「赤檮」（『古事記』）、人名では「赤亥子」などが言及されている。

儀礼における一回性——歴史的文献にみる丹の用途から——

　「丹塗」や「丹摺り」、「赭を（掌や面に）塗る」に、当時の着色方法をみることができる。「丹塗り」は縄文時代前期からおこなわれていた朱漆とする考察[34]もあることから、木製器物に対しての「塗り」には、漆など樹脂を展色材に利用していたことが想像される。土器（土製装身具・土偶なども含む）については、縄文時代は全面彩色の他、部分彩色や文様彩色など焼成後に施されていたが、後期から弥生時代には、「丹塗研摩」という焼成前彩色により土器と一体化した赤が認められ[35]、この場合の丹はベンガラとされてい

る。ただし、文様を描く場合は焼成後に行なわれている例が多く、また、人面付土器はあたかも入墨を施すごとく、目と口の周囲に刻目文と赤彩色が加えられている。古墳時代は区分により様式が異なるものの、全般に全面に塗りが施され、外面に施されるものは美観あるいは神聖さに由来し、内面に施されるものは土師器（はじき）の欠陥を補うといった実用性の意義があったとされ[36]、丹塗は本来祭器に施されていた。水酸化鉄（Ⅲ）を含む土を焼くことで得られるベンガラは、丹塗土器の焼成過程において固着および発色するため、適性色材であったことがわかる。ちなみに、古墳時代後期、施朱風習の終息とともに顕われる多様な埴輪の赤彩色に使用された色材もほぼベンガラとされている[37]。また、ベンガラの塗布は錆止や防腐の役割とする指摘もある[38]。

　「丹摺り」は、袖や衣など主に衣服の材となる布および糸など繊維に、細かく粉砕した色材を摺り込むことで着色する方法であった。今日、一般的に布など繊維素材に顔料を用いる場合、ふやかした大豆の搾汁を適量の水で希釈した「豆汁（ごじる）」で延ばし、彩色後蒸着し使用耐久性に適うものとしている。しかし、『日本書紀』仁徳天皇の条にみられる「紅き紐」の赤い色が雨に流され滲んでいる様子（「(中略)庭中に跪きし時、水潦腰に至りき。其の臣、紅き紐著けし青摺の衣を服たり。故、水潦紅き紐に払れて、青皆紅き色に変りき。」）は、色を定着する技術がまだなかったことの現れであり、顔料の固着材に豆汁や乳成分などに含まれるタンパク質を使っていなかったと考えて差し支えないであろう。繊維素材に粉末状の顔料を圧擦すれば、色を摺り込むことはできるが、着色とは言えない状態である。繊維は親水性であるので、水を展色材として粉末状の色材を延ばし、泥状で使用したと考えられる。古代から上代の色は30種程度であり、その内8種類程の色材が顔料であったとされている[39]が、当時の着色技術は、漆は例外として、未だ色土を水や脂で練った泥状のものを塗り付ける、摺りつける、といったものであり耐久性に乏しかった。しかし、それは「一回性」という意味をもつ。宗教的祭祀における儀礼では、「一回性」を目的に造られた土器はしばしば赤く彩色されていることを

援用すれば[40]、付着しやすく同時に剥落しやすい特性をもつ顔料は、その物性からも宗教的祭祀など非日常的な利用において好適であったといえよう。

3.4 色差による二重構造の整序

朱の象徴性──神功皇后の三韓征討神話より──

『播磨国風土記（逸文）』には、三韓（新羅）征討の際、息長帯日女命（=神功皇后）は神託の「善き験」として爾保都比売神より賜った赤土を「天の逆鉾に塗りて、神舟の艫舳に建て、又、御舟の裳と御軍の著たる衣とを染め」[41]て用い、「海水を撹き濁」すことで海を赤く染め、「丹浪もちて平伏け賜はむ」といった呪術的特性を記している。この赤土は、『風土記』が撰進された6世紀頃、辰砂および水銀を管掌した丹生氏の祀る爾保都比売神より賜わったものとの記述より、朱とされる。そもそも仲哀天皇（=帯中日子天皇）の皇后で応神天皇（=品太天皇）の皇太后にあたる神功皇后の存在は伝承によっており、特に『古事記』では応神天皇（即位270年～退位310年）の代から「文明時代」が始まるとされている[42]ため、その応神天皇の「御祖」である神功皇后には巫女的な性格付けがなされ、前文明に布置される神話的存在として対応させ伝説化されている。記紀にみられる神功皇后は、巫女的存在として神懸りすることで祭祀を司り、神託を受け自ら鬟に結い征討を率先するといった古代の政─神を祭って「わざはひ（災い）」を鎮め、社会を統治すること─の象徴的存在として描かれている。一方、『風土記』では、神功皇后の巫女的要素を媒介する「丹」─朱─の呪力を詳細に描き、朱は支配階級である天皇側に属す存在として位置付け、同時に朱を掌握する丹生氏の氏譜について援引している。ここに顕われる「丹」とは、丹から選鉱された「朱」のことであり、太陽光や血を象徴する眩く鮮明な赤が、支配階級が占有する赤となっていったことがわかる。さらに多くの研究から、神功伝説が記紀の完成した7世紀の社会的願望でもあった新羅侵攻を止当化する布石として成立したとされる[43]背景により、ここにみられる「丹

「塗」の逆桙や御船、軍衣は、しばしば言及される丹塗の実用的側面——錆止や防腐——以上に、赤土の呪的な象徴性によって士気を昂揚せしめるために塗られただけでなく、それらを海中に投入することで、顔料の付着しやすく剥落しやすい特性を活かし、海を赤く濁らし「丹浪」をおこす媒体だったのではなかろうか。そして、赤（「丹浪」）が白（「白衾新羅の国」）を侵食する、色を用いた視覚的効果によって「征討」を象徴化および美化しているのである。

ベンガラの象徴性──「海幸山幸」神話にみる主従関係──

　このように、朱に付与された象徴性に対し、もう一つの丹——ベンガラ——はどのような意味付けを与えられたのであろうか。『日本書紀（神代紀　下）』の俗に「海幸山幸」とよばれる神話に「赭」がみられる。兄弟である火照命（海幸彦）と彦火火出見尊（山幸彦）は互いの猟具をとりかえたが、兄の釣針を失ったことを責められた弟の彦火火出見尊は海宮に赴き、そこで釣針と潮盈珠・潮乾珠を得て、呪詛とうそぶきにより兄の火照命を降伏させた。その際、火照命は「著犢鼻して、赭を掌に塗り面に塗り」、彦火火出見尊に「吾、身を汚すことかくの如し。永に汝が俳優者爲らむ」と服従を誓い、「故、今に至まで、其の溺れし時の種々の態、絶えず仕へ奉る」ようになった。これは大嘗会で演じられる「隼人舞」の起源とされ、弟の彦火火出見尊は天孫民族、兄の火照命は隼人族として、天孫民族と隼人族との闘争を神話化したものとされている。ここでは、兄弟争いによって、それぞれ服従と支配に分離する。支配──服従の構図は、階級的支配関係がなかったとされる原初的社会においても、人間の上にある自然や宇宙の力──神──に畏怖し、神の「わざはひ」を避けるために、神の求めに応じて、その心をなだめなければならないと考えられていた。本来「政（まつりごと）」とは、服従する義である「まつる」ことで、神に従い「わざはひ」を鎮めるために行なわれたものとされる。俳優は、業によって神を招き慰める「神招」とされ[44]、俳優となった火照命が赭を掌や顔に塗ったことは、隼人族の風俗である褌姿に入墨と

おぼしき顔面彩色をもって彦火火出見尊に服従する証であった。ここで注目されるのは、楮を塗布することを「身を汚す」としていることである。自らを汚す行為は、自己呪詛をかけて、恐るべき霊威の前に身をさらすことで、神意による罰を組み込んだ祭祀としてあった「ウケヒ（祈請・誓約）」と考えられる。ウケヒは、神に祈って成否や吉凶を占うことを指し、日本人の「倫理の原型」[45]とされ、動詞ウケフの活用形で、『日本書紀』や『風土記』では「誓」・「誓約」・「祈」や「請」・「盟」などの文字がウケフと読まれている場合が多いことから、ウケヒとは、自らを危機的状況に貶めて誓約することによって、自らの偽りのない心—清き赤き心—を示したものであった。奇しくも、火照命と彦火火出見尊の誕生は、母である木花之開耶姫（このはなさくやひめ）のウケヒによるものである[46]。火照命が彦火火出見尊にウケフため手や顔に塗ったベンガラには、丹の物的象徴性の一面である「穢れ」をあてがわれ、さらにはベンガラがもつ暗く鈍い赤色の視覚的効果により、「いつわりのない心」の意である赤心（せきしん）を示そうとしたのではないか。朱にくらべ暗褐色の色みを有するベンガラは、これらの神話のなかで泥土の穢れの意味を付与され、かつ服従と赤心をあらわす贖いの色のように見受けられる。

　また、「海幸山幸」と同様の兄弟対立の神話は他にも見ることができ、『古事記』神武天皇の条に登場する宇陀の土豪の兄弟である兄宇迦斯（えうかし）と弟宇迦斯（おとうかし）についても、弟が支配、兄が服従するといった構造をみることができる。天皇の謀殺を企てる兄を弟が密告し、結局、自ら仕掛けた押罠で死に、その血からつけられた地名「宇陀の血原」（現在の奈良県宇陀郡室生村田口のあたり）は、松田によって辰砂の産地として調査されている[47]。血原は辰砂の原鉱が露頭している場所であり、先に見た朱の字形に与えられた血の象徴面と一致する。また、本来、兄宇迦斯の血は天皇に反逆する忌避すべきものであるはずだが、文中で兄宇迦斯の討匪される場面を詳細に描写していることからも、匪賊の血は逆に天孫民族の勝利の象徴として、征討の正当性を朱の優位性に重ね合わせているとみることができる。ちなみに、臣従の態度を示した

弟宇迦斯は天孫民族に服従した土豪である久米氏の祖とされることも、火照命を祖とする隼人族と重ね合わせることができる。以上の兄弟対立で、しばしば兄より後に生まれた弟が、兄を抑え支配的存在となるのも、日本に後に渡来したいわゆる「天孫」系譜の民族が、先住民を征討する比喩と捉えることができる。いずれにせよ、朱とベンガラが分化するに際し、神話世界のヘゲモニー争いが促進したといっても過言ではない。支配―服従といった上下に垂直的で連続的な秩序であるヒエラルヒーは、あくまでも人工的尺度を用いて構成される秩序である。『古事記』および『日本書紀』が編纂された目的である皇室の優位性をあらわすために、ヒエラルヒーは重要なものであり、人為的に創り出した尺度を自明のものとするのに用いられた色の意義は、原初的社会のそれと異なるものである。このようなヘゲモニー争いによって異なる意義に至ったそれぞれの色が、まったく異なる色相ではなく、同じ色相―赤の領域―内にある朱とベンガラであったことは、特筆すべきことである。

　以上から、付与された意義によって分化する構造をもつ「赤」は、日本の社会文化史の展開において注目すべき支点となる。さらに足し加えるならば、朱とベンガラの分化は、それぞれ誇示と謙遜という日本人の心における古層の美[48]に觝触する、多分に精神的な意義も包含するものでもあった。

第四節　まとめ

　第一章では、色材を顔料と染料に大きく分け、なかでも天然色材を抽出する鉱物や植物、昆虫など動物は、自然のそれぞれの位相に位置することをふまえ、種々の赤色色材を自然の位相に当てはめ、丹を「最古層の赤」と定義した。丹は、そもそも赤い土であり、さらに、神話や民俗伝承をてがかりに、両義的な土の物性および象徴性を見出した。また、土の両義的象徴性は、相反する関係ではなく、補完しあうことで成り立つ、渾然一体の存在で

あった。そこから選鉱され分離した朱とベンガラは、色みの明度・彩度による高低差のみならず、神話においては、それぞれ支配―服従、すなわち上下に分離したのである。兄弟の主従関係に象徴されるように、丹の兄弟である朱とベンガラも物理的・心理的に分化し、それぞれの色みの差異は、そのまま象徴として流用されることとなったことが明らかになった（図1）。

　色は、色材の物性やその物性に付随し生ずる現象として、主観において知覚的に感受され、それらは悟性によって統合され、認識を成立させる。カント（I. Kant）は、この感性と悟性の性質を分有し、両者を媒介する能力を「想像力」とよんだ。人間は事物を感受するだけでなく、想像力を駆使して人間側に引き寄せ、引き寄せられた事物は人間の創造性によって再現される。原初的社会において、赤い土である丹によせる想像力とそこから出発する創造性は、対自然に向い、あくまでも本能的生命力を希求した人間と自然のやりとりが目的であった。土の両義性―万物を育む育成作用と、万物を土に還す死滅作用―は、生死が分離し得ない関係にあることを人間に示し、さらに、生死に身近な血を彷佛とさせる赤い土である丹は、両義的な土の特性をさらに強化したと考えられる。原初的社会における人間が、自然とのつき

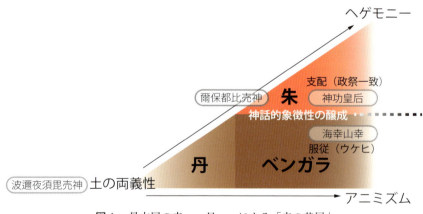

図1　最古層の赤――丹――による「赤の基層」

あいのなかで会得した土への感謝と畏怖を丹に託し、さらに生命力の源である血や火を連想させる赤い色によって、土の物性プラスアルファの意義を持つこととなる。そのプラスアルファこそ色の根源的活力である。すなわち、丹は赤を呈していたために注目されたのではなく、土という本来的物性に付された意味が前提にあり、それをさらに強化する赤が、丹の固有性をもたらしたのだ。

　原初的自然崇拝を礎とした日本の信仰体系において、他宗教にみられる全知全能の一神存在が認められないのは、自然界の位相を区分し住み分ける様々な事物の精霊的存在を認め、それらの連関する働きこそが宇宙森羅万象の運びとするアニミズムの思想が浸透していたためである。アニミズムのもと、神々の「わざはひ」を恐れ「さきはひ」を望む人間は、自然の精霊的存在に祈ることで、その神意を伺わなくてはならなかった。このような社会の「政（まつりごと）」で重篤な存在であったシャーマン（巫覡（ふげき））は、自然と人間の間に位置し、見えないものを見えるものへ、感じるものを触ることのできるものへと、常に可能態（デュナミス）を現実態（エネルゲイア）へと昇華させる媒介者であった。ツングース語やゴルド語の'サマン'（saman）に由来し、sa-「知る」という動詞から派生したシャーマンは、「知る者」、「知識や心得のある者」を意味し[49]、文字どおり矢と口が合わさった「知」る者とは、知覚として把握した情報を、理解してその本質を言いあてることができた。そして、言語で表した呼称でもある「名」によって、知覚は認識へと移行し、具象的な事物はもちろん、抽象的な事物をも観念において具象化することができたのである。さらに、霊的存在とこれらに関する呪力を観念としてではなく実在として、シャーマンはそれらを視覚化や聴覚化することで、人々に体験させることができた。奇しくもシャーマンと展色材は「medium」とよばれ、同じく自然と人間を媒介する存在である。特に、視覚的効果の高い色に自然の呪力の験や兆し見出すことで、色材（＝自然）から色（＝人間の感性）を抽出し、そして色に色名（＝人間の悟性）を与え、人間の感性と悟性にまたがる想像力の顕在化として、

相互に共鳴できる環境を創出したのである。さらに、自然（神）と人、天と地を媒介する中間に位置するシャーマンと、陰陽五行思想における「中央」である土は二重写しとなり、そのゆえ、わが国では、丹（に）のもつ両義的象徴性がアニミズム信仰の重要な呪物として扱われ、所与の「赤」は呪的要素と結合し、それ以降、「赤」に継承される原初的象徴性のひとつとなった原点をここに見ることができよう。以上から、アニミズムを基盤とする原初的社会において、「色」は、自然界の事物を知覚的に、「色名」は、事物を認識的に把握する際、重要な手がかりの一つとなったことは必至である。色は色名をもつことで、個の想像力から集団の想像力である、いわゆる集団的想念となり、集団的想念は自然界のダイナミズムと連動して、人間の生命力に多大な影響を与えたと考えられるのである。

　しかし、こうした環境は、人間をさらに社会的に分化するベクトルへと連れ出すことになった。集団生活の規模がゾクからムラへ、ムラからクニへと大きくなるにつれ、色および色名を通して共通認識を育む一方、社会的意識もより多く浸透し溶け込むこととなった色には、「意味ある象徴体系」[50]のひとつとして、宗教・文化のみならず階級などを表す視覚言語となり、情報となり、人々を分類することとなる。原始的な混沌とした経験もまた、「意味ある象徴体系」のもとでは、いずれ秩序化され、分類され、形式化していくことになる。そうなると、丹が本来もっていた土という物性は、徐々に忘却され、赤という色の側面のみに耳目が集まるのだ。これらの象徴体系が、丹に豊かな意義をもたらしたにもかかわらず。

　本来、自然─人間─社会という連関を基盤としていた社会は、人間どうしによる人工的なヒエラルヒーによって序列化され、ヘゲモニー争いをする社会において人間と人間の緊密性は高まる一方、自然─人間の結びつきは弱まり、関わりも疎遠になっていく。色は社会的意義を帯びると同時に、自然の位相に属するその本来性は見えにくくなり、いよいよ人間は、純化された色との関係を築くこととなる。とはいえ、色は固定的な記号ではない。さまざ

まな社会および文化的背景とともに流動し、その用途や対象者もさまざま変化し、色をめぐる人間と人間の関わりにおいて新たなベクトルが出現することになる。

注記

1）佐竹昭廣は、「古代日本語に於ける色名の性格」（『國語國文』24巻六號／1955年、1-16頁）において、アカ（明）クロ（暗）、シロ（顕）、アヲ（漠）という「明暗」「顕漠」という光の状態を示す二系列の用語が、色をあらわすために転用されたとした考えを示した。

2）大野晋は、大野「日本語の色名の起源について」大岡信編『日本の色』朝日新聞社／1997年、193頁で、古来日本の四色に関しては、光の二系列として捉えた佐竹の説に対し、日本語のピッチアクセントの見地からシロを除く3色はすべて染料・顔料による命名だとするとしている。しかし、大野もアカに関しては「光による名」としていることからも、本論では、古代日本語の色名の起源については佐竹説を参照した。

3）大井義雄・川崎秀昭『カラーコーディネーター入門　色彩』日本色研事業／2003年、6頁。但し、福本繁樹『「染め」の文化』淡交社／1996年、91頁では、認識可能な色は1000万色とされている。

4）水溶性の染料に金属塩など沈澱剤を加えることで不溶性にした有機顔料のこと。アリザリン系染料とアゾ系染料が多く用いられる。酸性染料の場合は塩化バリウム、硫酸アルミニウムなど、塩基性染料にはタンニンなどを沈殿剤として用いる。

5）青柳太陽『模様染の伝統技法』理工学舎／1996年、2-6頁

6）鉄片を茶の汁または酢の中に浸して酸化させた褐色・悪臭の液「鉄漿（かね）」のこと。

7）硫酸アルミニウムとアルカリ金属・アンモニウム・タリウムなどの硫酸塩との複塩の総称

8）但し、クロム化合物は有毒のため廃水公害の原因となるため、現在では金属イオン除去処理装置を設置しない限り使用禁止とされている。

9）アリストテレスの「自然の階層性」に依拠している。古代ギリシアの哲学者アリストテレス（前384〜322）は、生物学を体系化し、自然のなかにおける人類の位置を考えるにあたり、プシケー（psyche）の有無に分け、最下層を無生物（apsykha）である「地・水・火・風」とし、その上に生物（empsykha）である「植物」、さらに「動物」、「人」といった階層構造（「自然の階層性」）を用いて説明を試みてい

10）真朱を天然水銀朱とするものは、吉岡幸雄『日本の色辞典』（紫紅社／2000年）、長崎盛輝『日本の傳統色』（青幻舎／2001年）など、製造水銀朱とするのは市毛勲『朱の考古学』（雄山閣出版／1975年）にみられる。

11）市毛勲「図15　施朱の風習の盛衰（葬墓総数に対する施朱葬墓の割合の変化概略）」『朱の考古学』雄山閣出版／1975年、より、埋葬される遺骸の頭胸部に朱を施した風習。早くは縄文時代後期から見られるが、発生説と外来移入説とがある。250～500年頃〈弥生時代後期～古墳時代前期〉最も多く確認されている。

12）市毛勲『朱の考古学』雄山閣出版／1975年、99頁

13）吉岡幸雄『日本の色辞典』紫紅社／2000年、68頁

14）市毛『朱の考古学』、33頁

15）松村武雄編『世界神話伝説大系』（「第1アフリカの神話伝説」、「第5バビロニア・アッシリア・パレスチナの神話伝説」、「第11中国台湾の神話伝説」、「第35ギリシア・ローマの神話伝説」（名著普及会／1979～1981年）をそれぞれ参照した。

16）『古事記』での表記。『日本書紀』では、泥土煮尊（ういじにのみこと）・沙土煮尊（すいじにのみこと）。

17）『古事記』での表記。『日本書紀』では、伊弉諾尊（いざなぎのみこと）・伊弉冉尊（いざなみのみこと）。

18）阿部正路『神道がよくわかる本』PHP研究所／1992年、28頁

19）陰陽五行思想における五行（木・火・土・金・水）の輪廻・作用のこと。相生と相剋がある。陰陽五行思想は、天地開闢や宇宙森羅万象の在り方についての中国古代思想であり、吉野は、『日本書紀』の冒頭が、『淮南子』や『三五暦記』などの中国創世記の借用ではじまる点から、日本文化の基底にある中国文化の影響について指摘している。（吉野裕子『陰陽五行と日本の民俗』人文書院／2002年、20-21頁、26-31頁）

20）金子武雄『上代の呪的信仰』公論社／1977年、51頁

21）クロード・レヴィ＝ストロース『やきもち焼きの土器つくり』（渡辺公三訳）みすず書房／1997年、25頁

22）金銀鉱石を水銀に接触させると金・銀のみと合金する性質を利用し、鉱石にふくまれる不純物を除去し金・銀のみを回収できるアマルガム（鍍金）法による。合金したアマルガムを蒸留し水銀を蒸発させることで純粋な金または銀を鍍金することができる。

23）市毛『朱の考古学』、100頁

24）松田壽男『古代の朱』學生社／1975年、42頁　松田は古墳時代の須恵器の一種である「はそう」を祭祀用であると同時に水銀を蒸留する実用品として捉えている。
25）荒竹清光『古代の日本と渡来文化』明石書店／2004年、95頁
26）松田『古代の朱』、18頁
27）同上書、25頁
28）墳墓などより出土する祭器類に残る朱色だけでなく、その器が朽ちて朱だけが付着している土を「花土（かど）」とも呼ぶことから。（白川静『常用字解』平凡社／2004年、274頁）
29）宇治谷孟編『日本書紀（上）』講談社／2003年、42頁
30）松田『古代の朱』、16頁
31）吉岡『日本の色辞典』、25頁
32）鳥居礼『言霊―［ホツマ］』たま出版／1985年
33）近藤直也『祓いの構造』創元社／1982年、291頁
34）松田『古代の朱』、34頁
35）市毛『朱の考古学』、36頁および40頁
36）小笠原好彦「丹塗土師器と黒色土師器」考古学研究18-2.3 考古学研究会／1971年
37）市毛『朱の考古学』、162頁
38）松田、市毛、前掲書ともに記載。
39）伊原昭『文学にみる日本の色』朝日新聞社／1994年、195頁
40）祭祀遺跡や墳墓に埋納された土器は埋納の目的をもって製作・朱塗りが行なわれた。市毛『朱の考古学』、42頁
41）武田祐吉編『風土記』岩波書店／1937年、312頁
42）『世界大百科事典』平凡社／1981年　倉塚樺子によると「（中略）…住吉大神から応神が母の胎内にいながら先進文明国朝鮮の統治権を授かった話とよめるのである。この応神の代から文明時代は始まると『古事記』は語る。（後略）」とされる。
43）津田左右吉『日本古典の研究　上』改訂版・岩波書店／1972年、87頁および直木孝次郎『古代日本と朝鮮・中国』講談社／1988年、79頁
44）金子『上代の呪術信仰』、177頁
45）能澤壽彦「古層の美【神道的世界から】」『環』vol.2 藤原書店／2000年、228頁
46）一晩で妊娠出産となった木花之開耶姫は、夫である瓊瓊杵尊に嫌疑をかけられたのに対し、自らの潔白を示すため、神の子であれば危機的状況でも誕生するとの「ウケヒ」をたて、自ら放火した土室で出産を行なったという神話より。

47） 松田『古代の朱』、20頁
48） 能澤「古層の美【神道的世界から】」、228頁
49） ミハイル・ホッパール『シャーマニズムの世界』（村井翔訳）青土社／1998年、17頁
50）「文化パターン―意味ある象徴体系―に従わない人間の行動は、事実上統制し難く、無目的的行為と感情的爆発のカオスにすぎず、そういう人の体験はほとんど形を成さない。そうした文化パターンの集積の総体としての文化は、人間存在のたんなる装飾ではなく、その特殊性の主要基盤であり、人間存在に対する一つの基本的な条件である。」クリフォード・ギアツ『文化の解釈学』（吉田禎吾・柳川啓一・中牧弘允・板橋作美共訳）岩波書店／1987年、79頁

第二章　赤の範疇
　　──人間的自然としての「美」と「生命力」を中心に──

　色をめぐる社会史および文化史の視座をあきらかにする際、それぞれの民俗社会において信号化した視覚言語や象徴的な意味を有する色と、今日的社会において社会的・文化的な機能をはたす色とを、区別しなくてはならない。それは、確立した社会制度以前に継承されてきた慣習的な生活様式─身振り、技術やそれに付随する思考様式と伝達手段─のなかで育まれてきた生活諸知識を反映する色と、確立した社会制度におけるヘゲモニー装置の一つとなった色との間にある温度差とも言い換えることができよう。だからといって、その温度差は、平行状態にあるわけではなく、たがいに影響しあうことで、変化しうるはずである。なぜなら色は、人間にとって視覚的刺激を牽引する生理的特性と、高い連想価を導出する心理的特性をもつためである。個別の知覚と集団の認識の循環作用によって確立する社会や文化において色は、時に「支配─服従」に分類するためのイデオロギーの装置となるだけでなく、むしろ、イデオロギーのなかに潜り込み、支配勢力の存在意義を高め序列化を促進する、富や権力などの不可視の事象を可視化し、象徴する力も孕んでいる[1]。特に、服飾における色の機能は、性別や年令の区別はもちろんのこと、位階や職業などを象徴し、多義的な意味性をもつ色彩語彙を形成してきた。

　推古11年（A.D.603年）、推古天皇の摂政であった聖徳太子が制定した「冠位十二階」は、冠の色によって位階を表し、意識的に色を序列化した事例として歴史的文献に初めて記述されるものである。それ以降、「当色（とうじき）」として、

服飾における色が、地位や身分といった着用者の序列・等級を表す始まりとなった。その後、大化3年（A.D. 647年）の「七色十三階の冠制」では、儀式用冠色が定められたものの、平生の鐙冠(つぼこうぶり)では冠色がなくなった代わりに、位階に合わせた服色が制定された。「冠位十二階」における冠位の色については数多く考察されているが[2]、いずれもそれぞれの当色は、赤や青といった色相そのものを違えることで、それぞれの色に身分や位階を当てる点が特徴である。これらは、当時の朝鮮半島およびそれを通じた中国大陸との文化交流の影響を背景としており、天皇の服制に至っては、江戸末期までこれらを踏襲していた。いずれも大陸文化の深層に根付く五行[3]の色彩観を基礎とし、さらにそれぞれの位階を異なる色相で表し、序列を一目瞭然に示すことから、視覚的効果の高い色を記号的に利用したものと捉えられる。

　服飾史においては、いわゆる「和様の開花」[4]期にあたる平安時代に、ベニバナより得られる赤の一つである「濃色(こきいろ)」や、黄櫨染の下地に茜染をした「赤色(はぜ)」[5]は「禁色(きんじき)」[6]に連なるとする一方で、「退紅(たいこう/あらぞめ)」や「一斤染(いっこんぞめ)」とよばれる比較的淡色の赤は「聴色(ゆるしいろ)」[7]として、平安時代末期には公家の従者の服装の名称となり、鎌倉時代以後も公家や一部の武家の間で受け継がれた。このように、和様期においては同色相の濃淡をつくりだし、身分や位階を表すようになった点に注目できる。つまり、和様以前と和様期では、色に対する感受性は色相の差違から色相内の差異に拡がり、そこには、いわゆる「恐るべき精密さ」[8]と称されるわが国固有の色認識への曙光が見受けられる。これらの色相内の差異による色認識は、第一章でみてきた丹から分離した朱(に)とベンガラが持つに至ったそれぞれの象徴性と、それらを反映しヒエラルヒー化した「赤の範疇」にみる多義性の、一変型とも考えられる。だが、このような色認識をめぐる多義性は、当時の社会的秩序を構成するヒエラルヒーと密接な関係にあるためだけでなく、物理的に多種の色材を発見し、多様な色の抽出が可能になり、さらにはこれらの色どうしを混色することで、新たな色をつくることができるようになった染色技術の進展が、その基盤にある

ことを忘れてはならない。

　本章では、色をめぐる自然と人間の関わりにおいて現れる「美」と「生命力」に着目し、染色技術の進展とともに、色をめぐるわれわれの美的認識の発展とその意味を考える。さらに、黄赤から青みの赤まで広範な色を有する赤の範疇の成立におけるベニバナによる紅[9]（アカ）の重要性を探るため、わが国の社会文化史における二つの視座—社会的な「美」に到るまでのさまざまな象徴性や意味性と、「生命力」に由来する薬効の実利性—をてがかりに、広範且つ曖昧な赤の範疇の構造における紅（アカ）の位置取りを明らかにする。これらの「紅」（アカ）は歴史的観点から、一般にクレナイとベニの二つの異なる色名をもつが、しばしば同じ色として扱われることが多い。しかし、社会および文化史的な視点における紅（アカ）の意味性を明らかにする際、第一章の神話的社会および文化を背景とした最古層の赤（丹）（に）から分離され、それぞれの象徴性をえた朱とベンガラの関係性をもとに、朱の象徴性からクレナイを、丹の象徴性からベニを透かし見ることで、同色材の紅（アカ）によるクレナイとベニが色名のみならず、象徴的にも異なることについても、わが国の社会文化史を照らしつつ試論する。さらには、紅の広範な色みを許容し、赤の範疇として認識した日本の社会および文化的深層にあるアニミズム的思考とヘゲモニー的思考に触れることをめざす。

第一節　クレナイ——渡来技術とあらたな「美」——

1.1　染色技術の発見と進展——「美」を基盤として——

　わが国における染色技術は、１．無地染め、２．模様染めに大別できる。前者は染色材料から抽出される色を主とし、被染物である繊維品および布帛類に発色・定着させる技術であり、後者は色を用いた模様形象を主とし、「防染」[10]を施した布帛類に色を施し、発色・定着させる技術全般を指す。装

飾および文様史において模様染めは、無地染めの段階的発展と捉えられることもあるが[11]、染色の世界では、「防染」という新しい技術の後次性は認めざるを得ないとしても、色のシンボリズムが形象のシンボリズムに先行するものであるとは言い切れないとの意見もある[12]。特に、形象に与えられた象徴性—例えば植物モチーフが生命力や活力と結び合わされる等—のそれと一致して、色そのものの象徴性が表現される場合も多いが、形象そのものの美しさや視認性を高めるための彩色には、色そのものの象徴性が無視されている場合も少なくない。本稿では、色が、自然と人間、人間と人間の連関による社会および文化においてどのような意義をもち、また位置付けられてきたかを探ることを目的としているため、ここで特に言及する染色技術について、あくまでも色そのものの持つ象徴性を主体として色を扱う「無地染め」を前提とし、考察をすすめていく。

　そもそも染色の概念は、人間が意識的に色を操作することによりシミル〈滲みる・染みる〉といった自律的な色から、ソマル〈染まる〉といった他律的な色への変化にみることができる。同様に、花・紅葉・果実など自然物の色がイロヅク〈色付く〉と、「色を手にする」意のイロドル〈色取る・彩る〉も、色の自律的もしくは他律的な性質による。染色史でも自然にイロヅイタ草花や鉱物の天然色を、人間がすりつけるなどの行為によってイロドリをしたことを染色の原型としており、いわゆる化学的な染色概念—水溶性の染料分子と繊維の分子間の親和性に基づく現象—とは懸け離れるが、いずれにせよ、人間が色という現象を物性化し、さらに事象化する行為および技術である点において変わり無い。とはいえ、実際、自然にみられる様々な天然色を身近な繊維素材にすりつけても、それら固有の色を目に見えるとおり再現・維持は困難である。特に植物の色調を決定するのは、葉や茎など緑色部分に存在するクロロフィル（Chlorophyll）や花色（しばしば色彩が顕著にみられる花弁状に発達した部分が対象となる）の色素であるアントシアン類かフラボノール類は、単体作用だけでなく、他の含有物質の影響によって多彩な色を表

現していることや、各色素が水に溶けにくい性質であり単純に顕色部位を圧搾するだけでは色素が得にくいなど、直接的に目に見える色を再現的にイロドルことは難しいのである。このことは、原料状態においてすでにそのものの色が顕在している、赤土である丹のような色材だけでなく、原料状態で色が顕れていなくとも、なんらかのはたらきかけで顕色する、つまりは色材となりうる可能性を、逆説的に喚起させたとも考えられる。すなわち、人間の自然への欲求である「模倣」と「再現」を契機に、意識的・必然的にイロドル「染色技術」を開発し、確立したと推測されるのだ。ここでいう色を介在とした自然と人間の関係は、先ず人間が自然へ働きかける動因となる欲求があり、この欲求が生じる基底には、人間が自然に対して感受した「美」という観念が存在したといえよう。一方、すでに「模倣」の対象となる美意識が確立しており、それらに追随する過程において新たに発見された色材もあると考えられる。この場合の色は、色材の出自による象徴性とは関係なく、あくまでも美意識との関係における視覚的条件を主体とし、限定されていったのではなかろうか。前章で、丹に包含される朱とベンガラは、物理的選鉱でなく、種々の神話にみるヘゲモニーの表れである象徴性をもって、それぞれの色差を意識化させたことが、丹の選鉱分離に影響を与えたことを示した。そこで次節以降では、次代に登場する赤系染色色材であるベニバナに着目し、ベニバナより得られる二つの「紅」(アカ)(クレナイとベニ)の、それぞれ異なる用途や人々の願望目的を通して、人間—人間の連関をわが国における社会・文化の構造の支点となる「赤」—特に神話的世界観における最古層の赤と、それより分離した二つの赤—の構造にみる美意識を基底に考察する。その上で、わが国の社会・文化構造における「赤」をめぐるさまざまな美意識の緒を探ることをめざす。

1.2 ベニバナの名称にみる用途

原料状態と抽出後の色が違う色材のひとつに紅花（以下、ベニバナと表記）

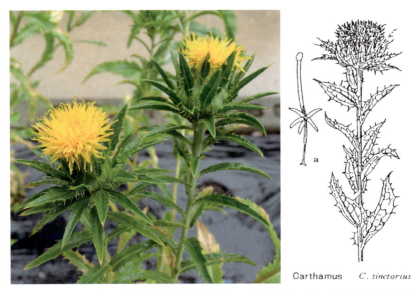

図2　ベニバナ（左：名古屋市立大学薬草園にて筆者撮影、右：『世界有用植物事典』より）

がある（図2）。ベニバナは、*Carthamus tinctorius* L. という学名をもち、属名 Carthamus（カルタムス）は濃い赤色に染める意をもつアラビア語 qn' と関連するクルトン（quarton）・ヘブライ語のカルサミ（kartami）に由来するラテン語で、いずれも「染める」の意をもつ名詞であり、種小名 tinctorius（ティンクトリウス）も「染色用の」（形容詞）という意をもつ。学名においても、ベニバナはその特徴として染料に適した植物である事をあらわしている。ベニバナ属は約20種が、カナリア諸島、地中海沿岸から中央アジアにかけて分布、近縁種の野性地から原産地はアジア南西部であるとされている。学名中にみられる意味が、アラビア語やヘブライ語に由来することも、その起源を裏付けている。他に、中国名を紅花（hong hua）、英名では bastard safflower、false saffron、safflower、独名 farberdistel、仏名 carthame、safran batard とよばれ、現在、エジプト、インド、インドネシア、アメリカ、オーストラリア、中国、日本など世

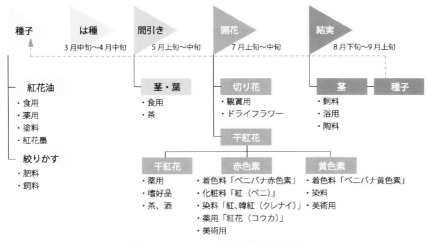

図3　ベニバナの活用と活用別表記

界中で、観賞用、食用油用、染料用、薬用を目的とした有用植物として栽培されている（図3）。

　和名のベニバナは、中国名の紅花を訓読したもので、黄色素と赤色素を有する花弁から赤色素カルタミン（カーサミンレッドともいう）を抽出する特殊な染色法に由来するものである。また、紅藍花や紅粉花をいずれもベニバナと訓んで、染料や化粧料といった用途に即した表記がなされる場合もある。さらに、ベニノハナ（紅ノ花）、ブィンバナ（紅花＝琉球および奄美方言）、スエツムハナ／ウレツムハナ（末摘花）、クレノハナ（呉ノ花）、クレノアイ（呉ノ藍）、コウカ（紅花）、コウラン（紅蘭、黄藍）、コウランカ（紅藍花、紅蘭花）、タンス（ズ）イ（丹萃）、ベニバナナ（紅花菜）などの別名および方言がある。近世最大生産地となった出羽（現在の山形県）地方では単にハナとよばれた。古名としては、『本草和名』（A.D. 918年）には、漢名の紅藍花に対し、和名はクレノアヰ（久禮乃阿為）、『倭名類聚抄』（A.D. 931～938年頃）には、「漢名の紅藍に和名クレノアヰ（紅藍／久禮乃阿井）、俗に紅花を用う」としている。他に、久禮奈井（『和漢三才図絵』）、『万葉集』では、久禮奈為、呉藍、紅、

すゑつむはな、末採花、と記述されている。11世紀の王朝文学『源氏物語』において巻名にもなっている「末摘花」は、登場人物の「鼻の赤い」不美人の通称にもちいられているため、なかでも馴染み深い別名の一つである。和名だけでもこれだけ数多く、且つ変化に富む名称をもつのも、当時より有用植物として広く認識され使用されていた証左といえる。

　さまざまな有用植物のなかでも染料に用いられる場合、一般に、植物を構成する根・茎・樹皮・葉・花や果実など色素を抽出する色材となる。ベニバナについては、その名のとおり花（花弁である管状花）[13]が色材として使用される（口絵6）。世界に分布する約20種類ものベニバナは、いずれもキク科の一年生から二年生草本[14]であるが、草丈や葉の形状、花の大きさから花付きまで様々である[15]。日国で栽培される一般的なものは、高さ80～120cmの直立した茎の上部で枝分かれし、葉の形は長楕円形から広披針形で、葉先は尖り棘状鋸歯辺をもつ。品種により有刺と無刺があるが、染料や生薬には有刺のものを用いる。頭状花序は頂生しその長さ約2.5cm、径2.5～4cm、花付きは一本の茎に3～4個である。開花は夏至から11日目にあたる半夏生の頃、アザミに似た鮮黄色の多くの管状花弁を花頂につける。その管状花は1～2cmほどで、開花当初花弁の色は鮮黄色、およそ三日後には花弁が伸び色も橙黄色に変化する。このように、鮮黄色から橙黄色を呈する花色からはにわかに赤系色材とは信じ難いものであるが、そのまま二、三日放置しておくと、花色は赤みが強くなり、赤色素をもつ色材の徴候が見られるようになる。しかし、赤色素が顕在化するようになった管状花や蕾状のものなどは、染料や生薬とするには品質劣悪なため使用に耐えない。良質の染料として使用するには、蕾の着生順に漸次開花するごとに管状花弁のみを数回にわたり摘花をする。摘花は、総苞や葉の先端が棘状に尖っているため、朝露を含み花や総苞が柔らかい早朝におこなわれる。ベニバナの別名である「末摘花」は、「茎の末の花を摘み取って紅をつくる」（『広辞苑』）といったわが国におけるベニバナを使用する際の特徴を示唆する名称であり、『万葉集』に

も「末摘花」と称され歌われている。「外のみに見つつ恋ひなむ紅の末摘花の色に出でずとも」(『万葉集』第10巻1993番)は、相手に恋情を直接的に表さずに思慕する様を、色を抽出する以前の色材である末摘花に見立て詠った相聞歌である。これらが詠われた当時、すでに1．色材の原料状態と色素抽出後の色が違うといったベニバナの特徴について周知の事実であったこと、2．あくまでもベニバナは色材として認識されていたことがうかがわれる。このことは5世紀初頭のわが国において、ベニバナの用途が染料や化粧料としての色材であったことを示し、現行で用いられる観賞用や食用油用などは後次的なものであったことがわかる。しかし、ベニバナに含有される二つの色素——水に溶け出す黄色素サフロミンとアルカリに溶ける赤色素カルタミン——のうち、その発祥地とされる中近東では、油や「黄」染料として用いられるのに対し、わが国では、わざわざ黄色素を水で流出し、「赤」染料として用いる。これらから、日本におけるベニバナを赤色染料とみる価値観が成立した背景を、1．外からもたらされたもの、2．内から醸成したもの、といった二つの観点に注目し、これらを歴史的背景と技術的背景から考察する。その上で、わが国におけるベニバナが赤色染料の代表格となった過程を示し、日本の社会および文化においてひたすら純粋な「赤」を希求した導因を示す。

1.3　外からもたらされたベニバナの赤

黄色染料から赤色染料へ

　紀元前2500年頃、古代エジプトのミイラを包んだ亜麻布の布帯や纏衣が黄色に染色されていたのがベニバナであったということが化学的に分析されたとする[16]ことや、紀元1世紀に書かれたとされる大プリニウス(A.D.23〜79年)の『博物誌』には、「クネスコ」の名で記載されており、当時、エジプト人が重用していたこと、二種類の野生種の他に栽培品種があったこと、食用ではなかったこと、種子は下剤や乳汁分泌薬として使用されていたことな

どが記されている。このことから、原産地はエジプトとする説もあるが、現在では野生品種をみることはできない。一方、ベニバナよりも鋭い棘をもつものの栽培種に最も近いといわれる野生種 C. oxacantha が、コーカサス、イラン、アフガニスタン、パキスタンなどに分布していることから、現在では、ベニバナの原産地は中近東といわれ[17]、さらに、中央アジアからシルクロードを通じて、中国に伝えられたとする説が一般的である。

　中国では、『漢書』（A.D. 82年頃）にその名がみられ、中国医学の古典とされる張仲景（A.D. 150～219？年）の『金匱要畧』には方剤として「紅藍花酒」[18]の名が記載され、張華（A.D. 232～300年）の『博物誌』には「張騫得種于西域。今魏地亦種之。（今は魏（今日の山西省）の地方でもこれを栽培する）」とあり、3世紀には、中国において、栽培種のベニバナが定着し、方剤のひとつとして用いられていたことがわかる。すなわち、シルクロードを経て中国にもたらされたベニバナは薬用としての役割が大きかったのである[19]。しかし、エジプトでは下剤等、中近東では採油と、いずれもベニバナの「種子」を用いていたものが、中国では「管状花」が用いられ、婦人病薬として利用されるようになった背景にはサフランとの混同があったといわれている[20]。サフランはアヤメ科の球根植物で、薄紫色の6枚で構成された大きな花弁など外見はベニバナとの共通点は全く無いに等しい。紀元前15世紀にはすでにギリシャ・クレタ島でサフランを輸出していたとされ、学名 Crocus sativus L. 属名 Crocus は語源であるギリシャ語の「糸」と綴りを同じくするのも3本に分岐した糸状の雌蕊を表しているためである。この糸状の雌蕊を薬用および染料として使用し、生薬1kgを調整するのに約40万本の雌蕊を必要とする大変貴重品であった。その主成分であるカロチノイド色素（crocetin, 柱頭にα-crocin）により駆瘀血剤として婦人病に効用を示し、同時にその花柱を色材とし、水で10万倍に希釈しても鮮やかな黄色を呈する非常に鮮明で高濃度の黄色染料として、染色のみならず食用着色料にも用いられた。サフランの漢語名「番紅花（fan hong hua）」は、「吐番（＝チベット）の

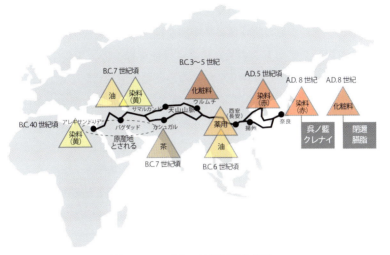

図4 ベニバナの伝播経路と用途

ベニバナ」という意をもつのも、西域から中国に渡来した経緯において、サフランの特性を希釈されながらも持ち合わせていたベニバナが、サフランよりも以前にもたらされたと考えられるのである。つまり、ベニバナの管状花を使用するといった素地は、中近東において貴重で入手困難なサフランの代替品として利用された過程において生まれたものといえ、現在もパキスタンの首都イスラマバードの市場(バザール)において、かろうじて代替サフランとして1/100の価格で扱われているベニバナの花弁は、廉価な「黄」染料として扱われているのである[21]。中近東では依然として代替サフランとされるに等しいベニバナは、黄色染料という位置付けにあるが、この廉価な黄色染料がシルクロードを通り、中国そして日本に渡来した際、貴重な赤色染料となった動因はどこにあるのであろうか(図4)。

匈奴の「臙脂」にみるベニバナ——歴史的背景から——

　中央アジアを横断する東西交通路である「絹の道」いわゆるシルクロード

は、中国の前漢第7代の皇帝（在位 B.C. 141～87年）武帝が推進した対外的積極政策の一つとして、戦国時代以来中国を圧迫していた北方の遊牧騎馬民族匈奴（きょうど）征討を遂行し数十万人の大軍による外征を行ない、さらに使節張騫（ちょうけん）を西方の大月氏国（だいげっし）に派遣し東西交易路の中心となる西域諸国を従えたため開通したものである。匈奴は胡（Hun）とも称され、現在の中央アジアにあたる広域を掌握し、アジア中央部、パミール高原および天山山脈を中心としてその東西にわたり統治していた。また、当初、国礎が脆弱な漢に対して和親条約を結び、絹織物や食料ほか多くの物資を年貢として要求していたなど一方的な搾取が続いていたが、武帝の匈奴征討を機に、漢と匈奴の力関係が逆転し、また周辺同盟国との関係性もあいまって、一対一だった力関係が分散することにより、物資の流通を促したと考えることができる。つまり、多国間の政治力の均衡によって物資が行き交い、必然的に多国間の異文化交流が発生したといえるのである。すでに見てきたように、ベニバナはその原産国とされるエジプト・中近東においてサフランの代替品として扱われてきた。それは中近東諸国と地続きにある匈奴におけるベニバナの位置付けをも想像させるに足りるものであり、実際に、『圖經（證類）本草』（蘇頌：A.D. 1020～1101年）では「黄藍、張騫得自西域」とあり、黄藍すなわち黄色染料として記しているものが見受けられる。「黄」と「紅」は同音「hong」であることからも、用途別にあらわれる色を再現的に文字化していると考える時、薬用本草としてのベニバナは、サフランの系列として「黄」、一方の「紅」は、匈奴の女性たちが顔を赤く塗る習慣で用いられた化粧料「臙脂」の系列として、それぞれ分化した名称といえよう。

「臙脂」については次節にて詳述するが、匈奴の婦女が使用していたことは、『史記索隠』や『西河旧事』他に現れる古い「匈奴歌」にみることができる。「匈奴歌」は、紀元前121年、漢の票騎将軍霍去病（かくきょへい）の第二次遠征にて祁連山脈から西部甘粛で匈奴の王族を捕らえ漢に降服させた際、匈奴王が詠ったものとされている。

亡我祁連山、使我六畜不蕃息
失我焉支山、使我婦女無顔色

(「われ祁連山をうしなう、わが六畜をして蕃息せざらしむ。われ焉支山をうしなう、わが婦女をして顔色無からしむ」)

この焉支山は焉支＝臙脂の原料が栽培されていた山とされており、その原料は焉支山がある山丹地方に自生する「山丹花」(アカネ科イクソラ属植物)との見方もあったが[22]、現在では、焉支は匈奴の言葉で既婚の女性が用いた化粧料である赤色顔料の原料（＝ベニバナ）をさし、匈奴の君主の妻を意味する「閼氏」(asi：トゥングース語の妻の意) と同じ音を写したものとされ、それが転じて妻そのものを意味するようになったとされている[23]。ベニバナが「紅花」「紅藍花」と称された場合は、化粧料としての用途を満たすため、ベニバナの使用において赤色素のみを抽出したことがわかる。

赤色素抽出法──中央アジアの地質的特性から──

　興味深いのは、この赤色素抽出法である。先述したとおり、ベニバナは二つの色素を有し、黄色素が水溶性であるのに対し、赤色素カルタミンはアルカリ溶出するという特性をもつ。現在、赤色素を抽出するには、化学的には炭酸カリウム溶水を、古くは『延喜式』に記される藁灰の灰汁によるアルカリ性溶水を用いる。抽出後、クエン酸（天然物では烏梅）にて色素を沈澱させて紅を得る方法が広く知られている。これらの化学的処方の起源について、王至堂 (Wang Zhitang) は論文「秦漢時期匈奴族提取植物色素技術考略」で、匈奴が掌握していた黒龍江省・吉林省・新疆ウイグル自治区・内蒙古自治区・寧夏回族自治区・青海省・甘粛省・モンゴル人民共和国からバイカル湖を含む地域に埋蔵される約2000万トンもの「天然鹹」(炭酸水素ナトリウム＝重曹) によるアルカリ分を含む土壌および水質と、遊牧民族の重要な食料である「酪」とよばれる発酵乳製品（＝ヨーグルト）から得られる乳酸に着目し、その二つを用いて臙脂（＝紅）を試作している。このことは、石灰質を多く

含むアルカリ性硬水が湧出する中央アジアの地質的特性と結びつき、中央アジア一帯に隆盛を誇った匈奴にとって、ベニバナから抽出される色は、必然的に「赤」であったことを示している。このように、発祥地である中近東では薬用・採油植物であり黄色染料であったベニバナは、中央アジアの地質の特性から赤系色材に開花し、化粧料「臙脂」の重要な原材料になったことがうかがわれるのである。

　その後、シルクロードを経て中国に渡ってきたベニバナは、その特質から薬用と化粧料という二つの用途を合わせ持つ有用植物として定着することになる。3世紀の中国において、すでに栽培作物となったベニバナの用途が、民間においては薬が主軸にあったとしても、『金匱要略』で処方されている「紅藍花酒」は熟成するとメノウ色を呈する[24]ことからも、薬として普及していた「紅藍花酒」から薬効以外にもベニバナが赤系色素を有するといった特性が一般に認識される機会は多くあったであろうことは容易に想像できる。

中国における色素抽出法──『斉民要術』から──

　さらに、6世紀前半の古代中国の農業書である『斉民要術』(A.D. 535年)第五十二に「紅藍花」の項目がある。そこには、「種き方」、花摘みおよび収穫期について、また収穫後の花を加工する「殺し方」が詳述されている。特に「町近くの良田に一頃もつくれば、年々絹三百匹の収入」に匹敵する価値のある換金作物とされ、また子實は麻の實と同値で、ベニバナからとれる油分で車脂や燭もつくることができるとし、大規模栽培における収穫時における手不足への解決については、「一頃の紅花は日々百人で摘むだけの分量があるから、家人の手だけでは十分の一にも足りない。毎朝、ただ車で畑に行きさえすれば、小児、童女たちの群が十人百人と先を争って集り、手分けして摘んでくれるから、それをきっちり量りにかけて半分分けにすれば好い。こうすれば単夫隻婦でもたくさんつくれるわけである」[25]と解説し、ベニバ

ナの作付けを奨励している。さらに、殺したベニバナによる「臙脂」の作り方は、「香澤」(化粧用香油)、「面脂」(軟膏の一種か)、「手薬・紫粉・米粉」(化粧用白粉)とともに併記されており、当時の中国におけるベニバナは、化粧料紅としての用途の加工されていたことがわかる。特に、赤色素の抽出に、現在も染色の媒染剤として用いられる藜灰(あかざ)について示している点についても、藜の自生域は畑地や荒原や海岸地域と広範囲に及び、農民にとって身近な植物であったはずで、農村生活の中で可能な方法を提案している。日本では紅染色に藁灰を使用し灰汁漬けするが、これも中国の農村部での生活と密着した藜の灰と重なる背景があったと考えられる。これらの記述はいずれも中国において6世紀にはベニバナに大きな需要があり、農業として定着し、農村部にまで浸透していたことを示すものである。また、興味深いことは、農民にとって彼らの生活の日用品のひとつである車や蝋燭の油として有用であるベニバナの栽培といった利潤率の高い栽培作物を推奨した上で、さらに、加工品としての「臙脂」の抽出法が詳細に記述されている点にある。つまり、『斉民要術』が記された時代には、ベニバナを栽培、収穫するだけでなく、色素抽出による色材の製造および臙脂の加工までも農作業として含まれ、確実に赤色素を抽出する方法が確立し、化粧料としての需要があったことは明らかである。また、『斉民要術』における臙脂の作り方は既に現行の化粧料紅の製作の定式化がみられるとの指摘があり[26]、別項の藍における染色法も現行の染色法とほぼ同じであることからも、藍やベニバナなどアルカリ還元後酸化発色を必要とする特殊な色素抽出法は『斉民要術』を前後する時期にわが国に渡来したと考えられる。

日本におけるベニバナ——歴史的文献より——

中国大陸から朝鮮半島を経て、日本にベニバナが伝播した年代は、大和時代とも奈良時代ともいわれているが、明らかにされていない。実際にベニバナが日本に伝わったとされる時期は、弥生時代後期から前古墳時代に大陸か

ら伝えられた絹とともに、百済や呉から織染・裁縫の技術を持った渡来人によってベニバナも携帯されたとする説や[27]、推古天皇18年（A.D.610年）に、高句麗より来日しその後帰化する僧曇徴(どんちょう)が、紙、墨、碾臼とともに赤色顔料を精製し、ベニバナの種子をもたらしたともいわれ、およそ7世紀前後までにはベニバナが渡来していたとする説もある。いずれも、当時の中国・朝鮮との交流および渡来の記録が明確であることにより流布している説であると思われるが、織染技術渡来を由来とするのはともかくも曇徴がもたらしたベニバナの用途が染色材料としてのものであったかどうかは明らかではない。20世紀に入り、奈良県斑鳩より発見された未盗掘の藤ノ木古墳は、その副葬品として多数発掘された馬具や金銅製品の文様から6世紀前葉のものといわれているが、1985年から行なわれた石棺調査の結果、さまざまな副葬品とともに、イネ科植物にまじってベニバナの花粉が発見されたことが報じられた[28]。このことにより、曇徴来日以前には、すでにベニバナが日本にあったことを伺わせるのと同時に、当時すでに副葬品として埋葬されるだけの価値あるものであったことがわかる。古墳における副葬品は、死者が生前愛用していたものだけでなく、貴人の葬礼に関わる宗教的な意味合いにおいて、死後の生活においても不自由のないようにとの配慮による品々が一緒に埋葬されたといわれている。すなわち、ベニバナは藤ノ木古墳に埋葬された貴人の生活における必需品のひとつであった可能性が考えられるのである。しかし、現時点において、それらが薬用・化粧料・染料（および食用着色料）・油のいずれの用途に用いられたかは明らかにされていない。

1.4　朱を継承するクレナイ──『播磨国風土記』にみる赤──

神功皇后の朱と応神天皇の紅草──母子関係にある赤色材──

　わが国に渡来したベニバナが植物性染料として歴史的文献に初出するのは、『播磨国風土記』の揖保郡の栗栖里(くるすのさと)における「阿為(あい)の山」に生える「紅草(くれのあむ)」とされる。「阿為」とは藍、すなわち植物性染料を指し、「紅草」と

いう染料植物が生える山を品太天皇（＝応神天皇）が発見し命名した由来について触れた箇所である[29]。歴史的文献の編纂・撰定年代から考察すると、『播磨国風土記』（和銅6年（A.D.713年）撰進）にあらわれる紅草（くれのあゐ）は、元明天皇に『古事記』を献上した和銅4年（A.D.712年）当時には、「紅き」色はベニバナから抽出した色のことを指していた可能性は十分あり、より具体的に赤を「紅き」と記したと考えることも可能であるが、同じく『播磨国風土記（逸文）』にみられる赤色材「朱」との関連から「紅草」をモチーフとした背景について探ることにする。

前章第三節3でとりあげた『播磨国風土記（逸文）』における丹（＝朱）について、巫女（シャーマン）的存在である神功皇后の祭政一致の象徴であるとし、さらに丹（＝朱）の賜与に爾保都比売神をたて、当時の水銀を掌握する権力者であった丹生氏の祭祀神である爾保都比売神を「伝承」という形で天皇と結合、その氏譜について援引するためのモチーフともなったことを指摘した経緯から、朱をモチーフとした『播磨国風土記（逸文）』には、丹から分離した朱のもつ不変性・鮮明色といった物質的特性に加え、それを管轄し権力と間接的に結びついていた丹生氏の政治的力関係が暗示されている。以上の伝承は、ヘゲモニー争いによって確立した朱による赤のシンボリズムが透けて見えることを示しており、『播磨国風土記』において記載されている「紅草」つまりベニバナが、その時代および社会的背景においてどのようなモチーフであったのかを『播磨国風土記（逸文）』と比較することによって、ベニバナという色材から得られる赤の新たなシンボリズムを示したい。

『播磨国風土記』は、各国より太政官に上申された公文書である『解（げ）』の俗称『風土記』のひとつである。いわゆる『風土記』が中央政府より発布された和銅6年（A.D.713年）とは、天皇を中心とした律令制における中央集権国家体制の確立の時期に当たり、天皇の系譜を神話のみならず、地方に伝わる伝承と絡め描いた『日本書紀』の編纂のための資料収集にあったとみる説は、720年に成立したとされる『日本書紀』以前に『播磨国風土記』および

『常陸国風土記』が筆録されていることや、両『風土記』の内容が『日本書紀』に採用されていないことから現在は否定されている[30]。『風土記』撰進の官命には、「畿内と七道との諸国の郡・郷の名は、好き字を着けしむ。その郡の内に生れる、銀・銅・彩色・草・木・禽・獣・魚・虫等の物は、具に色目を録し、土地の沃塉、山川原野の名号の所由、また古老の相伝ふる旧聞、異事は、史籍に載して言上せしむ。」[31]とあることから、天皇を中心とした律令国家において円滑な地方支配の実現という政治的な目的から、地方の土地および産物などさまざまな状況を把握する必要性から官命されたと考えられている。『播磨国風土記』には、それぞれの土地名の由来のみならず、「土は中の中なり」「土は下の上なり」といった土地の性質（土質・地形などさまざまな条件）が入っており、実質的な地理的条件とそれぞれの産地における品目を記している。「阿為の山」は「紅草」の生えているために名付けたと記され、「紅草」が「阿為＝藍（植物性染料全般を称する）」という認識があって初めて名付けられたことがわかるのである。当時の中央集権における地方支配といった社会的背景において編纂された『風土記』であるが、一方では『古事記』や『日本書紀』より古く、当時の政治的潤色を受けていない独自の伝承が残存するとのことから今日においても重要視されている。特に『播磨国風土記（逸文）』にみる神功皇后伝説は、１．朝廷に古くから伝えられていた朝鮮半島南部平定伝説、２．海神信仰に基づく「海母神と御子神」民間伝承、３．古代豪族「息長氏」の伝承が習合したものといわれており、１．からは新羅平定にみる日本優勢、２．からは海域から来日した渡来人と関連する海神信仰にみる御子神伝説から生じたとする天皇の伝説的出自、３．は近江水系を支配した「息長氏」と渡来人との関連性など、イデオロギー浸透以前から伝承されてきた「海神信仰」伝説と外来者とされる「渡来人」といったモチーフをかけ合わせることで創造された伝説であり、ひいては神功皇后の子にあたる応神天皇の優位性を描くに必要なモチーフとなったのである。

渡来文化の象徴──応神天皇の国家統制──

　「紅草」の生える山を「阿為の山」と命名した品太天皇（和風諡号：誉田別命（『日本書紀』）、品陀和気命（『古事記』））こと応神天皇の時代は、朝鮮半島からの大規模な渡来人の来日によって、製鉄技術による鉄製農具、それにともなう農工技術、灌漑など土木技術、養蚕、機織り、漢字や仏教、医学など新しい文化と技術が伝来したとされている（『古事記』『日本書紀』）。代表的な渡来集団には「秦氏（はた）」と「漢氏（あや）」がおり、特に秦氏は４・５世紀頃朝鮮半島の新羅国（一説には「波旦」）[32]から渡来した弓月君（ゆづきのきみ）（融通王）を祖とする氏族で、127県の多数の秦氏を引率して帰化し、九州北部や近畿の銅山などに所縁のある新羅系精銅技術のほか、特に養蚕と絹織物技術の伝来に深い関わりがあるとされる歴史的文献は多い[33]。一方の漢氏は後漢から魏へ政治実権が移ることで迫害された北中国から北鮮を経て東国（＝日本）へ渡来してきた阿知使主（あちのおみ）、都加使主（つがのおみ）、その妹迂興徳（うこうとく）と、部下七姓17県の部下をつれて応神天皇20年（A.D.289年）に渡来し、応神37年（A.D.306年）天皇勅命の４年後には、中国（呉）に派遣された阿知使主らは、呉服（くれは）の機織（きしょく）の師──兄媛（えひめ）・弟姫（おとひめ）・呉織（くれはとり（くれは））・穴織（あなはとり（あや））──を渡来させる。その際、呉国に不案内な阿知使主らは高麗王から案内人として久礼波（くれは）、久礼之（くれし）の両名を得、漸く呉国に到着したとの逸話から、呉をクレと訓ずるようになったといわれている[34]。以上から、『播磨国風土記』にみられる阿為山の紅草がベニクサではなくクレノアイと訓ずられるのも、応神天皇期の歴史的背景からも、渡来人によりもたらされた技術とそれに伴う材料を表していることがわかる。中国（呉）から渡来した染料「呉藍（クレアイ）」が転訛したことに由来する「クレナイ」の呼称について、すでにさまざまな資料文献から認められるものであるが、『播磨国風土記』にみられる「紅草」とは、渡来人を経て中国（呉国）からもたらされたクレからの染料（＝藍：ア（ナ）イ）植物（＝クサ）つまり「植物性染料」として日本に渡来したという事実に注目したい。すなわち、原産地であるエジプトもしくは中近東では、採油用とサフランの代替品として薬用黄色染料

の有用植物が、匈奴の支配下における地域的特性から、赤色素抽出がおこなわれ、化粧料「臙脂」として用いられたものが、中国から朝鮮半島を経て日本にもたらされた時には「藍」（＝染料）用植物としての認識に変化したということを示す。油・薬・化粧料といった有用植物ベニバナが、日本にもたらされた際、より「色」を主体とした色材であった点や、さらには、国内において、朱やベンガラといった鉱物性色材でなく、植物性のあらたな色材の登場に、すでに朱やベンガラにより醸成されていた赤の象徴性を重ね見ることができるのではなかろうか。そもそも『播磨国風土記（逸文）』にみられる「赤」は、神功皇后が新羅征討において丹の呪的特性と丹生氏との関わりにおける朱の誇示的特性により、神功皇后と祭政一致を演出する赤を継承する色として象徴的にあつかわれている。その神功皇后の条で描かれた丹（＝朱）は矛・舟・兵士の鎧までその「色」をもって塗布し、赤という色をして新羅（＝白）よりも優勢にあることを暗示した。その次代に初出する「紅草」は、神功皇后と母子関係にあたる応神天皇の条に描かれることから「次世代赤色材」に据えた場合、応神天皇と渡来人の政治における友好的関係をあらわすと同時に、渡来技術や文化がもたらした大きな時代的変化―それまでの生産方法や労働形態を一変させる社会および文化的変化―を象徴する存在であった。朱による外交的優勢を表す赤色の素地があってこそ、その美意識を模倣する次代の赤―紅（クレナイ）―をとおして外交的友好を表し、あらたな赤の範疇を与えることになったと考えられる。

次世代赤色材――「塗」から「染」へ――

　応神天皇の次代天皇である仁徳天皇（A.D.313〜399年）の条（『古事記』下）にある「故、是の口子の臣、此の御歌を白す時、大く雨ふりき。……庭中に跪きし時、水潦（にはたづみ）腰に至りき。其の臣、紅き紐著けし青摺の衣を服たり。故、水潦（にはたづみ）紅き紐に払れて、青摺紅（あか）き色に生りき。」の「紅き紐」はベニバナで染められたものともいわれているが[35]、雨に濡れて青摺の衣（藍草や鴨跖草（ツキクサ）など

草木の葉を摺りつけ着色したものと推測される）を紅き色とした染料色材をベニバナとする説は、ベニバナの赤色素抽出の特異性を考えると[36]、私見では正しいとは言い難いと思われる。しかし、先述したように、応神期に渡来した様々な技術のひとつである染色技術によって、ベニバナだけでなく他の赤系染色色材——例えば茜(あかね)や蘇芳(すおう)——の染色も行なわれていたと推測すると、「紅き」色とは、「染料」の特性をもつ新たな赤の総称であると考えられるのである。この「水潦紅(にはたづみ)き」色から、わが国5世紀前後には、染色技術による新たな赤の認識と前時代的な呪的意識を継承する——水を媒介して青色が赤色へ化すといった色の憑依は、あたかも神功皇后が新羅征討の際、丹浪（赤）をもって新羅（「白衾(たくぶすま)」＝白）を侵食したことを彷彿とさせる——「色が染みる」という「染色的体験」があったことがうかがわれるのである。さらには、「染みる」という色の自律性は、色に付与された象徴性の主体ともなりうる。すなわち、さまざまなヘゲモニーによって価値付けられた色のシンボリズムは、新たな色材である染料および染色技術を通して「染みる」という自律的な色を主体としたアニミズム的視点によって、さらにあらたなシンボリズムを獲得するといった構造が、「範疇」としてわが国の社会および文化において醸成されていったと考えられるのである。以上から、仁徳天皇の条にみられる「紅(アカ)き」色は、色材をベニバナに限定せず、さまざまな赤系染料全般から染色技術によって得られる赤を広義に示すものと捉えることにしたい。

1.5　染色法にみる赤への憧憬

黄色素の除去

　その名称から染める意をもつベニバナであるが、わが国におけるベニバナ染色法は特殊なものである。まず、ベニバナの管状花弁には、赤色素カルタミン（＝カーサミンレッド〈$C_{21}H_{22}O_{11}$〉）と黄色素サフロミン（＝サフロールイエロー〈$C_{24}H_{30}O_{15}$〉）があり、花弁の上部に黄色素が、下部に赤色素が混在しているので、それぞれの色素の溶解特性を利用して分離抽出を行なう。赤色素

はアルカリ性水溶液にて溶出する特性をもち、黄色素サフロミンは水溶性で室温から微温水で抽出することが可能であることから、わが国で古くから行なわれている抽出法では、摘花後雑物を取り除いたベニバナの花弁と水を「半切り桶」に入れ、よく足で踏みつけることで「黄気」とよばれる黄色の汁を揉み出すことで黄色素を溶出する作業を「花振り」と称している。平安時代に成立した『大和物語』には「紅ぞふりいづる」（127段「しかのねはいくらばかりの紅ぞふりいづるからに山の染むらむ」）とあり、当時、すでに紅花から赤色素のみを抽出するために、水に（黄色素を）振り出すことが行なわれていたことがうかがわれる。さらに、赤色素カルタミンは、その前駆物質である黄色素ポリオキシカルコン（フラボノイド系カルコン誘導体）が空気酸化でキノン（Chinon）化されて赤く発色するため、カルタミン濃度を増幅するには空気酸化が必要となる。そこで、木枠底に葦簀を張り筵を敷いた「花蒸籠（はなせいろ）」に、花振り後よく水を切った花弁を薄く敷き、日陰で一昼夜ほど放置する作業である「花寝かせ」によって空気酸化を行ない赤色素の濃度を高める。空気酸化とともに発酵によって花弁は餅状の粘性を帯びるが、発酵が進み過ぎると赤色素が黒色化する「花流れ」となり、染料としての質が著しく損なわれるため、寝かせた花弁に冷水を撒くなど熱発酵を防ぐ。さらに、臼に入れ杵で搗くことで、餅状にして、天日で干し固め、「干花」「紅餅」として紅染色の色材となる。

赤色素の抽出

　こうして製造した色材から赤色素を抽出するには、アルカリ性水溶液を必要とする。匈奴が化粧料「臙脂」の原料としてベニバナを栽培していたとされる中央アジアの地域的特色である「天然鹸」土壌から湧出する硬水には自然とアルカリ分が含まれるが、ほぼ中性水である日本では、ベニバナより色素抽出するために古来よりアルカリ性への加工を必要とした[37]。今日では、一般的に炭酸カリウム水溶液を用いるが、平安初期の『延喜式』（全50巻：

905年編纂〜967年施行)「縫殿寮(ぬいどののつかさ)」(第14巻)では赤色色素の抽出に藁灰液を使用している。前掲『斉民要術』では、藜から抽出する灰汁を用いることも栽培者の身近な植物であったことに由来するのと同様に、稲や麦の茎を乾燥させた藁は、稲作が農耕の中心でもあるわが国において容易に得られる材料であったのみならず、藁火の後に得られる灰であることからもわが国の生活文化に密着した素材であった。成分的にも他の灰分と違い金属分が全く入っていないため純粋で安定したアルカリ分を得られることがわかっており、紅染色における赤色素抽出に藁灰が使用される利点を補強している。約 pH11 のアルカリ水溶液にいわゆる花振り(黄色素を流出)した花弁を20分ほど浸透させることで、溶液が茶褐色に変化したところに布を入れ、浸し染める。そこに pH3 の酸液を徐々にいれることで、中和を促進し発色、アルカリ溶液中に溶けていた赤色素が生地の上に沈澱し染着する。この酸も今日では水に溶けやすいクエン酸を代替使用するが、同じく『延喜式』では、焼いた梅実でつくる烏梅酢(うばい)を用いている。さらに、被染物となる生地が絹など動物性繊維と麻など靱皮繊維では染着性に違いがある。特に絹の成分であるフィブロインのタンパク質によって、花振りをしても赤色素のなかに残留する微量の黄色素も引き付け染着するが、麻には黄色素が全く染めつかないため、いったん麻生地にアルカリ抽出した染液を浸し、その生地を再度アルカリ溶液中に浸潤し純度の高い赤色素をのみを再抽出しさらに絹生地に染色するといった複雑な染色工程をみるにつけ、わが国におけるベニバナ染色はいかに黄色素を除去しいかに赤色素のみを染着させるかといった煩瑣な染色法が発展し、今日においても手間を惜しまず忠実に保守されているのである。それは日本の社会文化史においてひたすら純粋な「赤」を希求したことの証ともいえよう。しかし、何故、赤のみが求められたのであろうか。

丹の選鉱とベニバナ染色法の類似性

　黄と赤の色素を有するベニバナより、わざわざ赤色素のみを抽出する方法

には、ベニバナ（紅草(くれのあゐ)）が渡来する以前から、わが国で用いられていた赤系色材「丹(に)」の選鉱方法（第一章3.1）が想起される。「丹」に含まれるベンガラと朱は、選鉱過程において、それぞれの比重差より上下に分離するが、さながらベニバナ管状花弁の上下に混在した黄色素サフロミンと赤色素カルタミンのそれを思わせ、流水に晒すことでサフロミンを除去し、カルタミンを抽出するのも、「丹」を水簸し分離選鉱する工程に近似する。予示の「丹」から分離した朱とベンガラは、神話的ヘゲモニーにおいて、それぞれに優劣の象徴性を付与された色として、主従関係のヒエラルヒーをあらわすイデオロギー装置に組み込まれたことを援用すれば、植物性染料ベニバナを鉱物性顔料「丹」と対応することで、そこから分離される赤色素カルタミンは朱、黄色素サフロミンはベンガラとそれぞれ対応し、ベニバナから抽出される高純度の赤色素は、まさに朱に付与された優性を引継ぐ「朱の系譜」に位置することが示される。「朱の系譜」は、丹浪をもって新羅を侵略した、神功皇后の三韓征討伝説における勝利のモチーフとなり、その神功皇后に朱を授与した爾保都比売神(にほつひめのかみ)を祭祀した丹生氏の政治的権力を示すモチーフとして、神話的ヘゲモニーによって確立した赤の美意識を表す。シルクロードからもたらされたベニバナが、日本に渡来した際、すでに、わが国で確立していた「朱の系譜」における赤の美意識と合致することによって、ベニバナの赤色素は当時の中央集権国家における政治的権力を示すモチーフとなり、渡来文化の流入といった社会的背景を反映した嗜好色として受け入れられたと考えられるのである。すなわち、ベニバナの特殊な染色法にみる赤への執着と憧憬は、わが国の古代社会を構築した神話的ヘゲモニーや対外政策における政治的力関係を素地とした美意識が導き出したといえよう。例えば、『日本書紀』にも、応神天皇期に百済から渡来した阿直伎(あちき)[38]が皇太子菟道稚郎子(うじのわきいらつこ)のために博士王仁(わに)を招聘し経典を講じたと伝えていることから、日本が中央集権国家として成立する背景に、多かれ少なかれ渡来人の影響があったことは否めないであろう。日本の古代国家確立の時期は、学会では一致していない

が[39]）、国家の概念を排他的権力組織および統治権により、一定領土の住民（＝人民）を治める社会とする場合、統治機能が中央政府に統一集中した時期を、いわゆる古代国家成立期に充当すれば、6～7世紀頃の大和朝廷時代末期、百済・新羅・高句麗から高度の文化が渡来したことが、古代国家成立の直接・間接的要因となったと考えられる。さらに、中央集権制度がすでに確立していた隋・唐の大陸における文化や技術、行政や刑法を司る律令を移入し、延喜5年（A.D. 905年）、わが国の律令制度における施行細則をまとめた『延喜式』が編纂されたが、『延喜式』にあらわれる事柄は、わが国の自然に則しながら先史時代より培われ継承されてきた技術に、さらに、大陸から移入された新たな素材や、その背景を成す社会的・文化的思考と混交し定着したものである。『延喜式』に詳細に記述された原料について、わが国の固有種に加え、外来種のものが見受けられるのも、模倣対象となった大陸文化を踏襲することが、中央集権国家という同一性の堅持に連なるものであったことが理由にあげられよう。『延喜式』にみられるベニバナについて、「縫殿寮・雑染用度条」における衣服染色の材料として記述されていることは一般に広く知られているが、同じく『延喜式』神名帳「宮内省坐神三座（並名神大、月次新嘗）」に見られる園韓神祭（そのからかみのまつり）における供物に、「紫の縠の坡、練絹 糟 靴 その他の衣装 紅花 黄色の坡 紺の布」と記載され出現する。この園韓神とは園神と韓神の二神三座とされ、園神は新羅形、韓神は百済形として、いずれも朝鮮から渡来した「今来の神」[40]とされ、上代は陰暦2月の春日祭後と11月の新嘗祭前と、いずれも丑の日に神楽舞をし（『広辞苑』および『有職故実大辞典』）、宮内省内皇室の守護神として祀られていたとされている。この園韓神についての議論は皇室起源説に結びつき、ひいては日本文化論の根底に觝触することからも様々な議論が展開されているが、本論文では、神楽の採物のひとつである韓神に渡来文化受容の象徴をみることで、園韓神祭でのベニバナについて、神楽歌にある「韓招き（からおき）」[41]の際に用いられた供物、もしくは神楽で用いられた幣帛など採物か衣裳の一つと捉え、同じく

『延喜式』に記載される色名「韓紅花(からくれない)」が重用された社会的階級において、クレナイと称される赤が渡来系社会および文化と強く結束した美意識を醸成したであろうことを言及するに留める。

「韓紅花」――高純度の赤のイデオロギー――

　その「韓紅花」(口絵7)を染色するには、綾絹一疋(約24m強)に対して紅花大十斤(およそ6.25kg)を必要とし、今日生花1kgから採れる紅餅は約70g未満といわれ、実際、絹の浸染における染液に使用する植物性染料は種類や色素成分量によって相違はあるものの、標準的には被染物の重量の半量から同量使用し、被染物の40〜100倍の水で希釈もしくは煮沸して用いる。以上の標準値と比較すると、「綾一疋　長四丈廣二尺」(長さ11m88cm、巾59.4cm)は、山崎と中島の研究(2014)[42]によると、重量はおよそ800gとされており、当時、「韓紅花」を染色するために必要なベニバナの量は破格のものであったことがわかる。現在の紅花染も、いわゆる濃色に染めあげる場合は回数を分け染色を行なう[43]ため、「韓紅花」を染色するのに、被染物重量の約8倍ものベニバナを使用する背景には、濃色を求め、数回に分け染色を行なったことが想像される。万葉集(第11巻2623番)「紅(くれない)の八(や)しほの衣朝(あさ)な朝な捼(な)るとはすれどいや愛(め)づらしも」(作者不詳)の「八しほ」は、「八塩折の酒」(『古事記』上)と同じく幾回も繰り返すことの意で、当時から「深紅」や「韓紅花」など濃色に染める場合、何度も重ね染めたことを物語っている。

　韓紅花の「韓(から)」は、朝鮮や中国の古称から転じてひろく外国の称(『広辞苑』)のことである。渡来系社会および文化の基盤の一つを成す韓国における色彩観念は、いわゆる五色(青・赤・黄・白・玄〈黒〉)を五正色(赤・青・黄・白・黒)と五間色(紅・碧・緑・硫黄・紫)の十色を基本色とし、民族的特性に融合しながら醸成された。そもそも韓国の色彩観念は、中国からの影響と思想的導入による陰陽五行説を重要な基盤としているため、五正色は陽

色、五間色は陰色とされ、いずれも陰陽五行の五色と同じく方位を象徴し、さらに「正色は純粋で混じりけのない、いずれも濃く最高の鮮やかさを意味する音『セ』『セッ』『シ』『スッ』という字を置き、例えば〈中略〉『シポルコッタ』（濃い赤色）といった具合に表現して色を協調する。漢字では『純』の字が当てられた」[44]といった記述からも五正色は濃く鮮やかな高彩度色を指している。一方、濃淡の濁った色は「真」「淡」「暗」などの字が当てられる。「純」も「真」も「雑り気のない」という共通の意味を有するが、「純」は「液体や気体のように均質なものの中に別のものが混ざったり溶けたりしていないこと」（『類語例解辞典』）のほか、「純血」といった血統主義に通じることから、社会的支配層は純粋の血統をヒエラルヒーの頂点とした社会を組織し構築するために、「純色」を用いることは重要なことであったことがわかる。他方、「真」は真偽といった対象事物の本来的性質にふれるもので、例えば、木々の緑や紅花や紫草などの草木、青緑の玉を意味する碧、火山地帯に産出する硫黄など自然界にみられる五間色は、血統主義的五正色に対し、自然に属する生地主義的色彩であると捉えることができる。従って、五正色は色を抽象化し象徴的なものへ昇華しており、それに対して、五間色は具体的事物から色を見出し、その象徴性は色材の物的象徴性を多分に引き受けるものであると考えられる。以上を踏まえ注目するべきは、韓国の色彩観念における「紅」は五間色のひとつに位置付けられ、「赤」と「紅」は明らかに違うものとして認識されていることである。このことは、わが国の中央集権国家がイデオロギー装置として用いた色のひとつである「韓紅花」について、韓国の色彩観念における「紅」よりも「赤」に相当したのではないかと捉えことができる。「韓（から）」について『魏志』は古代朝鮮の三韓（馬韓・辰韓・弁韓）の総称としており、そのなかの特に弁韓十二国地域を「伽羅（耶）」はいわゆる任那を指し、わが国では往古百済より大陸文化を受け入れる以前まで、この伽羅地域より先進文化や物資を輸入していたため、カラは外国全般を指す語となった。しかし、『大言海』（大槻文彦編／1932〜1937年刊）

は「からは赤（＝アカラ）の略で、紅の鮮明なことをいう」としるし、江戸時代末期の故実書である『貞丈雑記』にも「唐土より渡りしと云物にてはなし。只紅のこき色にて黒みあるほどをさして云也」と記されており、今日認識される「中国の古称、また中国やひろく外国から渡来の物事に添えていう語」（『広辞苑』）という意味以上に、「韓」は直接的に色—濃色の赤—と結びついていたことを示している。「韓」は濃色の赤を指すという見解に立つと、まさに色名「韓紅花」は、朝鮮民族にとって本筋で雑り気のない「純（새）」の価値基準を有する「シポルコッタ（새빨갛다＝真っ赤）」に相当し、わが国においては、ベニバナが渡来する以前に、「純」の価値基準を形成していた「朱の系譜」に連なるものとして「韓紅花」は受容されたといえる。すなわち、クレナイと訓ずる赤は、丹から分離選鉱される朱と同じく、ベニバナから黄色素を排除して赤色素のみを抽出し、幾回にわたって繰返し染色することで、より色としての純度を高め、色材のもつ具象的な物の象徴性から離脱し抽象化されることで、当時の律令制度下の政治的力関係や渡来文化そのものを象徴するモニュメンタルな色として、わが国の社会および文化において位置付けられたのである。一方、「園韓神祭」の供物のひとつに「紅花」がみられるのも、一つはベニバナが呉藍と総称される外来品であったこと、もう一つには、当時の日本が政治的体制の模範とした朝鮮半島の「純」を象徴する「赤」の色材であるとして、一種の呪物的なあつかいにあったと想像できるのである。

　以上のクレナイをめぐる背景から、わが国においてベニバナによる染色は、高い純度の赤色素を求め抽出される染色法として発展したことが明らかになった。なお、ベニバナは『延喜式』「縫殿寮」にあらわれる色名37種のうち、「黄丹」（綾一疋：紅花大十斤八両・支子一斗二升）（口絵8）、「韓紅花」（綾一疋：紅花大十斤・麩一斗）「退紅」（帛一疋：紅花小八両）（口絵9）、「深支子」（綾一疋：紅花大十二両・支子一斗）、「浅支子」（綾一疋：紅花小三両・支子二升）、といった色名を染色する色材として使用されている。ベニバナの赤色

素のみを使用した赤は、「韓紅花」と「退紅」のふたつだけで、それぞれ禁色と聴色という対をなしている。「韓紅花」と同じベニバナの赤色素で染められた「退紅」は、帛一疋染色するのに紅花小八両（およそ375g）かかるということからも、「韓紅花」にくらべベニバナ使用量は1/20も少ないため、染色深度も浅く淡色である（口絵10）。

イデオロギー装置における二つの美意識

「韓紅花」が禁色であるのに対し、「退紅」は聴色として身分を問わず着用できたのも、ベニバナという色材とは無関係に、色材から得られる色の濃淡が要因であったことがわかる。換言すれば、自然から得られる色材の物的象徴性ではなく、人間によって抽出された他律的な色は、意図的に濃度調節され、濃淡を染め分けられることで、差異化をはかり、社会におけるヘゲモニーによって価値付けられることでイデオロギー装置のひとつとなることを表している。他方、「黄丹」や「深支子」や「浅支子」は、ベニバナに含有される黄色素サフロミンを排除した赤色素に、再度クチナシの黄色素（カロチノイド類クロセチン）を混色し、赤の範疇を構成する固有色名となっている。特に、「黄丹」は、『養老律令』「衣服礼」で皇太子礼服である東宮の袍の地を黄丹に染めて以来、現在まで使用されている禁色中の禁色である。中国の色彩観では、黄は中央を表し、黄帝や黄屋などの黄は権力支配に由来するものである。同じく、「黄丹」も中国の色彩観および思想を引継ぎつつ、わが国では、赤みがちの橙色から朝日が東の空から昇り出る日の出を連想し、その袍を着用できる唯一の存在は、太陽と同じく、唯一無二であることを象徴している。「黄丹」を染色するには、「韓紅花」と同じく、大量のベニバナとクチナシを必要とするが、「韓紅花」は「純」の概念が醸成した美意識にもとづく抽象的に洗練された色であるのに対し、「黄丹」は自然現象が喚起する人間の心象により醸成された美意識にもとづく具象的な色であり、そのイメージは牧歌的ですらある。いずれも皇室を中心とした中央集権国家のイデ

オロギー装置における禁色であるが、その背景を支える美意識には、1．社会的存在として他者との連関における規則や秩序といった抽象的概念から醸成されるもの、2．人間と自然の連関における具象的な事物から醸成されるものの二つに分けることができる。すでに示したベニバナの特殊な染色法から抽出される赤色素と色名「クレナイ」は、前者の最たるものである（図5）。それは、「染色」の視座から考察を加えれば、人間を主体とした「色取り（＝彩り）」の技術を体系化することなくして生じ得ない美意識といえる。

　その一方で、植物性染料の染色技術が体系化されることによって、人間におよぼす影響力が見直され、色そのものを主体とした象徴性を育むことにもなる。例えば、東の空から昇り出る朝日の美的体験は、集合的無意識としてわれわれの深層に堆積し、あらためて「黄丹」の象徴性と結合したように、あるいは、鮮烈で美しい紅（クレナイ）が褪色しやすいといった特性を擬人化し、移り気な恋心や無常を重ねみたように、自然に存在する色そのものを主体とした「色付き」の美に触発された美意識や象徴性を醸成したのである。特に、「色」の自発性―「染みる」という染色的体験―は、直接的にわれわれの内的自然である感情―沁みる―と合致することとなる。よって、色と美は直結

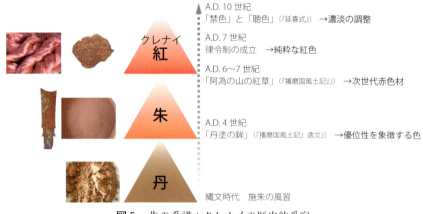

図5　朱の系譜：クレナイの歴史的受容

し、色の自律性は心的感情としばしば一致する。それは今日でも万葉集や古今和歌集などに詠われるさまざまな色にみることができるのである。

第二節　ベニ——「生命力」に由来する赤——

2.1　生命力に由来する赤

模倣・再現と忌避——薬の発見と染料——

　染色の発見には、まず、人間と自然の連関があった。一つは、自然の美に対する「模倣」と「再現」を契機として意識的・必然的に「色取る（彩る）」技術を開発し、確立したとされるもので、本章第一節において試論したものである。もう一つは、悪疫や疾病を引き起こす自然の脅威に対する「忌避」を契機とする本能的欲求による。この本能的欲求の基底にある「生命力」を充足させるものとして、人間は種々の薬物を発見することになった。薬には経験的起源のものと呪術的起源のものがある。今日的見方をすれば、前者は現実的効能からより「生」に直結する合理性を有するのに対し、後者は前者にくらべ心理的効能が大きく、例えば強大な力をもつ動植物の形を真似たり、その一部を身に帯びたりする装飾や、今日でもみられる「お守り」などその起源を継承するもののひとつと捉えられる。経験的起源に比べ、呪術的起源の薬は間接的で非合理的なものとみなされているが、当初の薬物は、心身いずれにも効能をもち、その両面において「生」への本能的欲求にこたえていたのである。薬の語源は、クシ・クス（奇）、クスアリ・クシアリ（奇有）、クスシル（奇汁）にあり、櫛や髪と同訓であるクシは霊妙で神秘的な力を持つものを意味する。人々はそのような奇有(クスアリ)の力を有する動植物や鉱物を見つけ、それを直接身に帯びるのみならず、火と水を用いて煎じることで汁状の奇汁(クスシル)としそれを内服した。さらには、奇汁を衣服等にしみ込ませ着用することで外的効能を求めた行為が、もうひとつの染色の発見であり、しばし

ば染色学と本草学とが密接な関係にあることが言及されている。1856年に、マラリアの薬であるキニーネの合成実験を行なっていたイギリスの化学者パーキン（W. H. Perkin）によって偶然発見された「モーブ」（塩基性染料）が合成染料開発の端緒となったことも、天然・合成にかかわらず、染料と薬物が親縁にあることを物語っている。

　このような、染色技術の発見と進展の黎明期において、人間が感受する自然に対する「美」への本能的欲求がもたらす「模倣・再現」と、「生」への本能的欲求による自然に対する「（経験的な・呪的な）忌避」があり、特に血や火を連想する「赤」には、人間と自然の連関により覚醒した美的観念と生命力が、未分化の原初の色が、息づいていると考える。

民間信仰にみる赤の意義

　「赤」は、わが国の民間信仰の場において、白とともに中心的な役割をはたしている。民間信仰とは、人々の間で伝承されてきた信仰を指し、儀礼を伴った宗教的体系においていわゆる社会性が培われていった。さらには、ムラやクニといった共同体単位での集団生活を円滑に営むための智恵や規則の基となった。そのなかでも、赤は非日常（ハレ）の場を表す色であり、古代より病気や災厄の原因とされた悪霊を祓い鎮める力があると信じられた。韓国でも赤豆・赤小豆・赤豆粥・赤豆餅・朱砂・朱書・紅布・紅紙・赤符など悪霊を鎮め病気や災厄を追い払う力があると信じられ、民間信仰や加持祈祷の目的で使用されることが多い色とされている[45]。豆や餅といった体内に取り込む食物や、護符として身に帯びる布や紙といった身体の内外に関わる物の実利性と、「赤」という色の象徴性とが一体となることで、われわれに力を発揮するのである。日本では、七五三で着用する被布、還暦の袖無羽織、大漁祝で漁師が着用するハレ着の「万祝（まいわい）」など、人生の節目で着用する衣装にみられる「赤」は、それを身に纏うことで色の力と一体化し、色の象徴性により日常（ケ）から逸脱し、一時的に非日常（ハレ）の存在となることを

表す。一方で、赤い着衣は体温保持や眼病予防に効果があるとして実利面から用いられた例も少なくない。このような病気治癒力をもつ実利的な「赤」は、象徴的に病気や災厄の原因と信じられた悪霊を遠ざける意義が、転じて災厄の難から逃れられるといったいわゆる除災の象徴性を獲得することにつながった。例えば火災の際、屋根に昇って赤い腰巻きを振ると類焼を免れるといった俗信や、赤褌を着用し海に潜ると鱶避けになるといった漁師の伝承などにみられるように、実利的な効果への期待から、新たな象徴性が派生し、更新される。このように、わが国の赤には、象徴性と実利性が混交し、さまざまな民間信仰や年中行事にみることができるが、いずれも人間の本能に由来する「生命力」と深い関わりを持つ点が重要である。

　本節では、人間と自然の連関に見る「生命力」を軸に据え、植物性染料のうち特にベニバナの有する二つの特性である色材と薬効の関係について考察し、わが国の社会および文化的視座におけるもう一つの「赤」の意義について示す。

2.2　ベニの来歴──化粧料としての「赤」──

　「紅」は「クレナイ」と「ベニ」の二つの呼称をもつ。これらはベニバナという同じ色材から得られる色であることからしばしば混同され、実際に『日本色彩辞典』[46]では、その色調についてはいずれも「わずかに紫みの赤」としているが、「くれない［紅］」（武井、62頁）と「べにいろ［紅色］」（武井、124頁）を別頁にて取り上げており、前者は紅染色に由来した色、後者を染色にこだわらず紫みの赤とそれぞれの特徴を記している。一方、『日本の色辞典』[47]では［紅］の項目で一括されている。本論でとりあげる「クレナイ」は、社会的支配層という特殊な対象者のみの着用が許される「禁色」であり、当時の中央集権国家におけるイデオロギー装置の一つとして使用されたことを前節にて示した。「ベニ」は、「クレナイ」と同色材によるものであるが、渡来系社会の規則や秩序、文化を模範とした当時、色材ベニバナは「ク

レノアイ」「クレナイ」と称され、あくまでも渡来文化や先端技術を象徴する新しい色材という認識が強かったことがうかがえる。別称「末摘花」も花卉先端の管状花弁を摘み色材に使用するという植物的特徴から名付けられており、依然として「ベニ」という呼称は現われない。以上から、本論では、「ベニ」を、同色材から得られる「クレナイ」と異なる背景をもつものと捉え、以下考察をおこなう。

社会的行為としての化粧

「ベニ」がわが国において称されるようになるのは「クレナイ」に比べると最近のことで、いわゆる紅(べに)の原料としてベニバナを専用とする近世に至って生じたのではないかといわれている[48]。それ以前において紅はもっぱら「クレナイ」と訓み、一方、「脂」「燕脂」「臙脂」の字を当て「ベニ」と訓んだ。平安時代承平年間(A.D.931～938年)に撰進された『倭名類聚抄(わみょうるいじゅしょう)』では、「クレナイ」と「ベニ」は別項目となっており、「ベニ」は「頬粉(ていふん)」(白粉に紅をまぜ頬紅として化粧に使用したもの)のことで和名を閉靨(べに)としている。「脂」は動物性のあぶらや樹木の脂(やに)の他、顔料・化粧料の意が転じて「べに」とされている(『広辞苑』)。その他の当て字である「燕脂」「臙脂」は現在では色名[49]のひとつとして認識されているが、そもそも「臙脂」の起源は中国の殷(B.C.1600～1050年)[50]の紂王の后妲己(だっき)が燕(B.C.1046～222年)[51]の化粧料の名声を聞き、これをもって脂(化粧料)を作らせたことから「燕脂」というようになったといわれている(『橘庵漫筆』)。以上からも、「ベニ」は、ベニバナから得られる色以前に、「顔料・化粧料」といった意味合いが強く、わが国における「ベニ」が「脂」「燕脂」「臙脂」と当て字されることは、その名称の由来が、色材でなく化粧料の用途にあったということを示すものである。

化粧は、人類の発生とともに始まった行為のひとつであるともいわれ、時代や風土によって目的は異なるが、男女を問わず人間の本質的な営みの一つとみなされている。人間は、集団的社会構造において、ある役割を演じるこ

とで諸個人間の役割分担を明確にし、相互依存関係を築きやすくしている。化粧行為はそうした「演じる」行為に直結し、社会的・文化的に必要不可欠な要素として人間的自然を律してきたとものひとつといえる。色料を用いる化粧の原始的目的とは、生活での様々な祈りや願いを色の象徴性に託すといった呪的なものであったとし、わが国では縄文時代の土偶の顔面に施されている文様を化粧的行為の原始と看做している。さらに、3世紀前半の倭国の風俗が記された『魏志』「倭人伝」(『魏書』巻三十、東夷伝倭人の条）には「男子無大小、皆黥面文身、…(中略)…婦人被髪屈糸介…(中略)…以朱丹塗其身體、如中國用粉也」[52]と男子の黥の風俗や、女性が丹（硫化水銀〈朱〉および酸化鉄〈ベンガラ〉のいずれか）を身体に塗る風習について記されている。これは、倭国と魏間の交易が行なわれる以前からすでに顔や身体に赤系色を施す風習がわが国あったことを示すもので、「中國用粉」とは頬粉を意味し、頬紅をつける化粧と、身体を丹で扮飾することは同意の行為としてみなしたのであろう。こうした赤色を身体塗布する習俗は、古代の社会構造において同時的に発生したものと考えられるが、化粧料の原料については伝播主義的に確立したと考えられる。頬粉については、遡れば匈奴の既婚女性が用いた顔料「asi」につながり、殷の妲己が燕に求めた化粧料「燕脂」も、燕が中国北部に位置し現在の内蒙古自治区と隣り合う地理条件であったことから、匈奴や山戎とよばれる狩猟遊牧民からもたらされたと考えられる。

赤色化粧料の原料――ヘンナとベニバナ――

　化粧は、装飾もしくは保護のため身体に直接顔料等を塗布する行為とされる。その観点から赤を俯瞰すれば、まず古代エジプトで爪を染めたつまくれないと呼ばれる指甲花が注目されよう。指甲花は赤褐色を染める植物性染料であるヘンナ（ヘナ）のことで、現在日本でも、髪染めに用いられる植物性染料である。ヘンナはミソハギ科の灌木で、北アフリカおよび西南アジアが原産とされる。房状に咲く白あるいは黄色の小さな花は木犀に似た芳香があ

り、古代エジプトでは染料よりも花や種子を香油の原料とし、ミイラ作りに必要なものの一つであった。そもそも芳香系植物はその香でなく色や形など様々な特徴が象徴化され神聖なものとして祭祀儀礼に用いられた。香を保持するために香料を植物性・動物性の油脂に混ぜ、香料の匂いを十分に吸収させた香油が完成した。このような香を身に纏うことは、転じて原料となる植物の象徴的力を身に帯びることとなる。その上、暑く乾燥した砂漠や半砂漠地帯の風土において、香油は乾燥から皮膚を守る実用的な役割も果たしたのである。以上の象徴性と実利性を兼ね備えたヘンナは、アラブ系遊牧民ベドウィンの女性たちに日常・非日常に関わらず重用された。特に、結婚儀礼に臨む花嫁にとってヘンナで手足を染めることは、ヘンナに宿る「バラカ」とよばれる聖なる祝福の力による魔除と招福のための重要な装飾のひとつであるといわれる。さらに、インドでも、イスラム世界同様、女性に重用されている。インドでは、メンディ（Mehndi）、またはメンディカ（Mehandica）と呼ばれ、掌にヘンナで描かれる細密文様はタントラに関わる図形を構成し、美・幸福・富・繁栄の象徴を身に帯びることを目的としており、現在でも結婚式や祭などハレの場で行なわれるものである。その他に、既婚女性の貞節を意味し、額にいれる赤い丸い印のビンディ（Bindi）は、シンドゥールと呼ばれる硫化水銀の粉を付けている。一種の魔除として呪性をもつものとして本来婚礼や宗教儀礼で付けるものであるが、現在では一種の「証」として用いられている。このビンディは、既婚の証として女性が顔に塗る赤色という点で、まさしく匈奴の既婚女性の用いた「臙脂」と同類のものといえる。

　イスラム教のアラブ諸国やヒンドゥー教のインドといった宗教や風土の違いを超え、女性が魔除や招福を象徴する護符として、さらにはそれぞれの風土に適した実用品として用いたヘンナは、中国に渡り、指甲花（ci kia hwa）またはYen-chi-kiah（Yan-qi-kiah）と呼ばれ、『本草綱目』に記され、日本にも伝わったとされている[53]。ここで興味深いのは、ヘンナの中国名Yen-chi 焉耆は、漢代の西域諸国のひとつの国名で、現在の新疆ウイグル自治区

の焉耆県にあたり、名称の音といい地域性といい匈奴の「焉支山」や「臙脂」との近縁性を示すものである。匈奴の「エンジ」の呼び名はその君主の妻・閼氏（asi）より派生したといわれているが（第二章1.3）、ヘンナを中国では Yen-chi 焉耆と称することから、「臙脂」の原材料についてベニバナかヘンナ（＝指甲花）か不明であるものの、双方の共通点として、インドのビンディと匈奴の臙脂は既婚女性を対象者とし貞節の証から転じて美徳を表すといった目的で使用され、色調の違いはあれども「赤」を呈するものである。それを身に帯びることで他者および外界との交渉や線引きを行なっていることがわかる。われわれの本能的「生命力」に由来する様々な願望がこうした化粧料に託されるのも、人間は自然界の象徴性を、「嗅覚：香」「触覚：皮膚感覚」「視覚：色・形」といった五官を駆使し直接的な身体感覚を通して理解しているためといえる。

　以上は赤を用いる化粧料の起源にヘンナの存在があることを示しており、その伝播経路もベニバナと異なるものであったことがわかる。エジプトからアラブ諸国を経由しインド、現在の新疆ウイグル自治区から中国に渡来したヘンナは、わが国における「ベニ」の用途である「化粧料」の起源的植物であり、その点から「ベニ」に「脂」や「臙脂」の字を当てることが理解できる。しかし、わが国の「ベニ」は、用途は化粧料でも原料はベニバナであるという事実から、ベニバナの伝播経路も辿る必要性がある。原産国中近東では薬用および採油植物として、また黄色染料として使用されていたが、シルクロードを経て中央アジアの地質的特性から赤色染料となった経緯は既にみてきた（第二章1.3）。さらに匈奴から焉支山を略奪した中国にもたらされ、東北部（現在の北京から遼寧省東部）から隣接する朝鮮半島を経て日本にもたらされたベニバナは赤色染料として伝播した。

　ヘンナとベニバナは、その伝播経路においてそれぞれの風土に合致しながらその用途を変化させてきた。ヘンナの芳香性は香油として祭礼や儀式における非日常的空間を演出し、砂漠・半砂漠地帯の風土において香油は乾燥か

ら身体を守る実利的なものとして日常的に用いられ、さらに赤褐色で描かれた宗教的図形や文様は象徴的な身体保護となった。しかし、西アジアや中央アジアといった乾燥した砂漠地帯で油分を身体に塗布し保護することは生命に関わる実用的なものであったが、中国・朝鮮・日本といった東アジアのにおける四季を持つ温帯気候では甚だしい寒暖の差に合わせて衣料の質量を変化させるほうが実用的であったため、自ずと油分を身体に塗布する行為は廃れ、代わりに身体を覆う布への染色技術が進展したと考えられるのである。ヘンナは東進するにつれ、重用された要素は油から色へと移行した。そこに、より鮮明な赤を呈する色材のベニバナが結合したと考えられる。

化粧の起源──人間の本能的生命力にみる──

　魔除や豊穣、身分の高さや勇敢さといった象徴性を誇示することに始まり、実利的な身体保護といった起源をもつ身体装飾である化粧の行為は、風土や民族・文化・宗教に合わせて変化してきた経緯から、上記のように日本における化粧の意義や化粧料の原料が変化したことは明らかである。その上、さまざまな文化や技術が西から東へ渡来していきながら、それぞれの風土に適した要素のみ取捨選択され本来的意義が捨象・洗練されていく過程を経て、日本においては特に鮮明な「赤」と身体の関わりに着眼することとなったのであろう。その根底には、臙脂を起源にもつ頬粉が渡来する以前には、先述した『魏志』にみる風習があり、そのような経緯から臙脂における化粧料の意義が順調に受け入れられたと考えられる。施朱はまさに化粧行為の起源にあたる魔除や印の一種である他、現在では施朱された墳墓や石室内の遺骸損傷が少ないことから防腐剤としての役目についても言及されているものであり、いずれもわが国の化粧の始まりには、「生命力」への願望と不可分な行為であったことがわかるのである。このような「生命力」に由来する化粧は、あくまでも扮飾を目的とした今日的化粧とは色合いが異なり、他者との識別における重要な情報をも含み、端的に敵味方といった身分証明で

もあり、化粧そのものがアイデンティティーを形成し集団生活における人間の生存本能を補助する役目にあったといっても言い過ぎではない。そのような意味で、『魏志』に記される倭人の化粧は象徴的であるよりも、当時の社会構造から実利的なものであったといえよう。こうした施朱や化粧の習俗が素地となり、いずれも実利的であった「色」と「用」が同時に受容されたことが、丹よりも鮮明な赤色を呈するベニバナを原料とし、化粧料「臙脂」である「ベニ」がわが国に定着した理由と考えられるのである。以上から、わが国における「ベニ」は、風土に適合する人間の本能的生命力に由来する背景を持つものといえ、「クレナイ」とは異なる背景を有することが明らかになった。

2.3　丹の系譜——アニミズム的潮流——

「延丹」にみる丹とベニの連関

　色料を身体に用いた原初の目的は、人間生活の安全を祈願する呪術のひとつとみられており、わが国の「ベニ」も、インドのヘンナによるメンディや、水銀朱を額につけるビンディといった証や魔除と同根のものである。本論における化粧も生命力と不可分な呪的行為と捉えている。現在のように唇に塗るようになったのは江戸時代元文期（A.D.1736〜1741年）以降であり[54]、それ以前には、いわゆる頬粉と同じくもっぱら頬に塗るものであった。『倭名類聚抄』であげられた「頬粉」は、和名「閇邇」と称されている。わが国では、ベニバナを色材とした色は「クレナイ」であり、同じくベニバナから製した化粧料は「臙脂・燕脂」、「脂」と書いて「ベニ」と訓む。「ベニ」の名称は、原料であるベニバナに由来するものと想定していたが、ベニバナは、近世まで呉藍（くれない）、紅草（くれのあゐ）、末摘花、紅藍花（こうらんか）、紅花（こうか）、はなと称されていたため、原料に由来するものではない。逆に、化粧料「ベニ」の原料となるため、後世に至ってベニバナと呼ばれるようになったのだという[55]。それでは、一体、「ベニ」の呼称はどこに由来するものなのであろうか。

この疑問を氷解するのは「丹」の存在である。「丹」は硫化水銀（朱）と酸化鉄（ベンガラ）を含有する赤色顔料で、わが国特有の原初的化粧料として『魏志』に記載されるものである。前節において「丹」が素地となり、同じ用途にある外来の臙脂や頬粉を受容することが出来たことはすでに述べた。つまり、化粧料として共通の用途にある丹と臙脂および頬粉は、「赤」を呈することも共通しているため、丹が用いられていた延長線上に渡来した化粧料の臙脂があると考えられよう。すなわち、化粧料という用途から「丹」を継ぐものという意から「ベニ」と称されることとなったといえる。

　一方、原田[56]によると、「和名の「ベニ」は「ノベニ」（延丹）即ち紅花を延べたという意」としている。ノベニは、「丹を（薄く）延べる」ことで丹を溶解したものの意ととれる。江戸時代、「本紅」や「京紅」、「小町紅」と呼ばれ、今日までその製造法が継承される「ベニ」は、ベニバナの赤色素カルタミンをレーキ化し用いられている。レーキは、水溶性の染料に金属塩など沈澱剤を加えて不溶性にした有機顔料のことである。赤色素カルタミンはアルカリ性により抽出される特性がある。そのため、あらかじめ黄色素サフロミンを抜いたベニバナ染液にアルカリ液（藁灰汁）を加え、カルタミンの染まりやすく放出しやすい特性を活かし、米酢を少しずつ加え中和した溶液に、麻布や木綿布を浸しカルタミンを吸着させる。レーキ化させるには、カルタミンをしっかり吸着した布を再度藁灰汁に投入し、赤色素を揉み出した高濃度のベニバナ染液に、烏梅によるクエン酸溶液を加え、カルタミンを沈殿させ、泥状とするのである。このような泥状となったカルタミンを正式には「正味紅」という。つまり、「ベニ」は一般的な俗称である。泥状化した「ベニ」は、小箱の内側や「紅猪口」とよばれる陶製の盃（口絵11）、安価には板や懐紙に塗り移され携帯され、濡らした薬指や小筆で溶いて化粧に使用された。『魏志』に記される丹を身体や顔面に塗布する化粧料とするには、不溶性の無機顔料である丹を、一時的には水、長期的には膠や油脂と練り、泥状とし用いたと想像される。こうした無機顔料は濃く平滑に塗布するため

には、ある程度の厚みが必要だが、厚く塗ると乾燥後、動作による亀裂が入りやすいなど、おもいのほか脆弱である。薄く塗布すればムラができやすい。しかし、有機顔料の「ベニ」は無機顔料と同様に不溶性だが、染料分子は顔料よりも小さいため色素が高密度となる。そのため、薄く塗布してもムラになりにくいという点で、「ベニ」が「（薄く）延べ」ることのできる「丹」という意味で「（ノ）ベニ」と呼ばれるようになったことは頷ける。

レーキの位置取り──「塗」と「染」の間──

　染料の色は、布や糸といった被染物なしでは自立できないが、染料をレーキ化した有機顔料における色は、染料にくらべ自立可能といえる。それは液体と固体の間にある「泥状」という特性によるものである。泥といえば、第一章でとりあげた土および埴の神である波邇夜須毘売神を想起させ、生命を涵養し腐敗も促す土の両義的な存在意義は、生と死、清浄と汚穢といった意味の両極を同時に孕み、生産性と破壊性にある本来的自然を象徴するものと捉えた。本論において、「丹」を、その色材の赤土と土の物的象徴性を重ね、両義的な象徴性を有する色と位置付けることにより、わが国の社会および文化の最古層の赤と定義した。さらに、水を含む土である泥は、まさしく水溶性染料をレーキ化した不溶性の有機顔料と重なり、ベニバナの赤色素を泥状とした「ベニ」の本来的意義は、丹の本来的自然と連関する人間の生命力と重なるのである。「ベニ」はレーキ化による泥状という性質からも「丹」を継ぐものといえる。以上から、わが国における「ベニ」──ベニバナから作られる「臙脂」──の素地となっているものは、ヘンナというよりも丹による化粧にあることは明白である。よって、本論では、紅の二つの呼称のうち「ベニ」は「丹の系譜」に位置し、生命力に由来する赤のひとつとして定義する。

　丹の両義性とは、ひとつに二重の意味をもつ性質であるため、一見、矛盾する事物が同時存在している。換言すれば、天地開闢の初め、天地の未分化

の状態である「混沌」（『日本書紀』）であり、それはまた人間の力が及ばない超越的自然の姿でもある。混沌を自然の可能態（dynamis）とし、その現実態（energeia）である自然の潜在力に万有精霊概念（animism）を適合することによって、人間は混沌を理解し認知することができた。日本における赤の範疇の最古層に位置するとした丹が、両義的象徴性を有するのは、赤を通して自然の潜在力に生命力を重ね見たためである。混沌を分類し認識することで集合的無意識はより意識の地平へ押し上げられ、丹はヘゲモニーによって朱とベンガラに分離し、それぞれ象徴性を持つに至った。とはいえ、人間に備わった本能的「生命力」を試す、さまざまな「混沌」が無くなることはなく、両義的存在である丹は、わが国の社会および文化的思想の伏流水として脈々と続いていたと捉えられる。そして、ベニバナを原料とする臙脂の渡来により再び湧出した丹をめぐる象徴性において、丹の系譜に「ベニ」を位置づけ、社会文化史の重要な底流をなすアニミズム的潮流を形成することとなったのである（図6）。

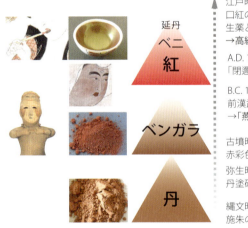

図6　丹の系譜：ベニの歴史的受容と「延丹」

2.4　外的身体と内的身体——染料と生薬の類似性——

医療行為としての化粧

　生命力と強く結びついた赤—「丹」—の系譜にある「ベニ」は、社会および文化により形成される化粧の重要な色料として用いられてきた。化粧は、他者との相互依存のもと集団的社会生活を円滑に営むために不可欠なものであるだけでなく、自己と非自己を識別し、非自己から自己を守るのに必要な行為である。非自己とは、身体の痛みや異物感といった不快感に直結するものであり、特に、疾病には外部からの異物が身体内に侵入した結果とする「異物概念」が生じた。さらには、災厄を予防しようとする試みは個人の能力を高め、外部の異物でも有利な力は取り込もうとする「同類概念」も導き出した。このように、人間にとってマイナスな非自己である異物概念は自然崇拝に結びつき、プラスな非自己である同類概念は万有精霊概念であるアニミズムへと発展し、古代医術の中心を成すシャーマニズム（魔法医術）を形成したのだという[57]。シャーマニズムは病気の治癒において、しばしば超自然的な力に依存した。人間を危機的状況に陥れる超自然の力に拮抗し相対できるのもまた、超自然の力であると考えていたためである。病気に対して的確な治療法がわからないため、先ず人間にとって不利な超自然力を忌諱し、その災厄を克服することで予防をした。護符や肌守、呪物を携帯するのみならず身体そのものを呪物化するために装飾し、いわゆる「施朱」や化粧による身体彩色や刺青、極端には抜歯や尖歯したり、指や四肢の一部を切断するといった人工的奇形をおこなったりしたのである。こうした異物や災厄の忌諱を目的に、人間は身体外部を加工することで装飾をおこなった。すなわち、生命力に由来する化粧とはシャーマニズムにおける実践のひとつであった。このような生命に関わる化粧行為と医療行為が渾然としていた原初において、化粧料の「赤」も、呪物として、また薬として用いられたことは容易に想像できることである。

化粧料と同義の薬──色における同類概念──

　例えば、赤色の痘瘡が病の特徴である「疱瘡（天然痘）」は伝染力が非常に強く死に至る疫病として古代より恐怖の対象であった。また、治癒した場合でも顔面に著しく瘢痕が残るため、江戸時代には「見目定めの病」と言われ、忌み嫌われていたとの記録がある[58]。古代エジプトから出土するミイラにも瘢痕が見出されることからも、人類を古くから脅かしてきた病の一つであったことがわかる。日本では、天平９年（A.D.737年）、時の権力者であった藤原四兄弟（武智麻呂・房前・宇合・麻呂）が疱瘡（当時は赤斑瘡(あかもがさ)と呼ばれた）のため相次いで死去したことに関し、これはその八年前藤原一族の謀略によって自殺した左大臣長屋王の祟りとされていたなど、奈良時代から病気─特に非情な苦しみを伴う病や原因不明の伝染病─は悪霊によるものと考えられていたのである。この二年前、天平７年にも、疱瘡は大流行し、多くの死者が出ることになったのも怨霊によるものとし、典型的な「異物概念」として受け止められた。当時の朝廷の疫病への対策は「大祓」「道饗祭」（京城の四隅路上で饗応し魑魅を押し止めるもの、大祓と同様毎年６月と12月に行なわれた）、金剛般若経の転読、国分寺創建の詔、神への祈願といった宗教的対策[59]が取られる他、具体的な太政官符により「疫病治療法および禁ずべき食物等の事七カ条」を八省諸司や諸国に公文書として下し注意を呼び掛けた。さらに当時の対症療法では、痘瘡の色が濃い赤色であるほど軽症の証とされたことから、痘瘡には「紫鉱」[60]とベニバナから抽出したベニを塗布しており、いずれも赤を呈する化粧料のもつ力で病気を治癒しようとした「同類概念」とみることができよう。さらに江戸時代になると、病床の見舞い品は濃赤色の赤御幣や「紅絵」と呼ばれる疱瘡絵、疱瘡送りの馬、さらに地方によっては痘瘡を「クサ」と呼ぶことから赤色の牛（牛は草を食べることから）などを贈り、赤物とよばれる玩具やお守りが飾られ、さらには親族一同集まり病床で賑やかに宴をしたとの記録もあり、それも疱瘡神とよばれる悪霊を追い払う、色の象徴性を用いた対症法のひとつであった。今日もみられる年中行事の祭事

には、病気の原因と考えられていた超自然力やたたりをする死霊である悪霊を退治する目的でおこなわれるものが数多く見受けられる。わが国では、古代以来、旧年と新年の境目にあたる立春に「追儺(ついな)」や「鬼やらい」として悪霊退散の年中行事が行われ、6月末日には「水無月の晦日の大祓(みなつきのつごもりのおおはらい)」という「災厄(伝染病)封じ」の宮中行事が行なわれてきた。このような危機的状況における紆余曲折や試行錯誤の結果、民間信仰というひとつの形式で連綿と語り継がれて行くこととなったのであるが、これらの象徴的な対症法の中で、例えば「濃赤色な程軽症である」といった疱瘡の事例は、「赤」という視覚的訴求力のある色が「同類概念」となり、病人の身辺を赤で囲むだけでなく、病人の身体に直接的に赤色を塗布したことは容易に想像できることである。しかし、この対症法は、象徴的な意味だけでなく、実利的な面も兼ね備えていたと考えるべきである。染料に薬効があることは一般庶民にも広く知られており、民間療法でも様々な処方が現在も残っている[61]。

染料と薬の対応関係

　染料が薬として効能を有することは多くの先行研究で言及されているが、生薬として効用のある植物が染料になったばかりでなく、染料から生薬が発見された例もあり、その類似性は相互に影響を受けていると考えられる。そこで、現在まで生薬などに実用性のある薬用植物のうち、日本薬局方収載(以下、「局方」と記す)および日本薬局方外生薬規格収載(以下、「局外」と記す)と、いずれの指定はないが古くより薬草に利用され知名度の高いものを合わせて327種の染色の可否を対応させ、染料と併用可能な薬用植物について表化し、その対応関係について検討を試みた。これらは、木村孟淳・田中俊弘・水上元編『新訂生薬学』(南江堂／2012年改訂第7版)と、「徳島県保健製薬環境センター薬用植物園」で栽培される「栽培薬用植物リスト」(『徳島県立保健製薬環境センター年報』(No.1　2011)資料編、74-86頁)を参照し、掲載される薬用植物を対象とした。なお、これらの薬用植物のなかから染料利用

に適うものを抽出するにあたり、まず、『新訂生薬学』では、一般的に植物性染料の材ともなっている、「皮類」「材、茎および枝類」「根類」「根茎類」「葉類」「花類」「果実類」「種子類」「草類」から選出し、その他の動物性由来のものや、「菌類・藻類」や「樹脂類」「植物性油脂」などは対象外とした。一方の「栽培薬用植物リスト」では、生薬名が掲載されている薬用植物のみ対象とした。さらに、染色可否の判断にあたっては、染色工芸や染色工業において安定的使用が確認されているもののみを可（表中●表記）とした。植物のなかには、成分中にタンニンが含有されている場合、煮出すことで得られる抽出液のおおよそから茶系色が得られ、それらを鉄分と反応させることで黒褐色となるなど、ほとんどの植物は染料となりうるといえる。そのため、質量ともに不安定であっても問題としない趣味的な染色での利用の例や、花色に含まれるアントシアニン色素を弱酸・低温度の条件下で抽出し染料とする、特殊な化学的条件において利用する例は、本表では不可（表中×表記）とした。以上をふまえ、本論では、わが国で伝統的に使用されてきたものを植物性染料とすることにし、吉岡常雄『工程写真によるやさしい植物染料入門』（紫紅社／1982年）と、いわゆる「草木染」としてあらゆる野草から染色を試みる山崎青樹の『草木染染料植物図鑑』（美術出版社／1989年）を参照し、薬用植物327種とをそれぞれ対応させている（表1）。

　表化の結果、生薬だけでなく染料利用にも適う薬用植物は、327種中95種で、全体の29.0％であることが明らかになった。なお、これらの95種を染料に有用な部位ごとにみると、「根・根茎」は22種（23.1％）、「樹皮など皮類」は18種（18.9％）、「材、茎および枝類（全草含む）」は15種（15.7％）、「葉類」は14種（14.7％）、「花・蕾」8種（8.4％）、「果実（果皮、虫癭を含む）」は15種（15.7％）、「種子」は4種（4.2％）となっている[62]。生薬利用において多く使用される部位は、根や根茎、果実や種子であり、染料利用においては根・根茎、および樹皮など皮類についで、材、茎および枝類、果実、葉類に多く見られ、その他、花・蕾、種子は意外に少ないことがわかる。生薬と染料の関

第二章　赤の範疇　87

表1　生薬利用の薬用植物にみる染色可否および対応する染料名（植物和名五十音順）
＊局　　第十六改正日本薬局方収載品目
＊＊局外　日本薬局方外生薬規格集（1989）および増補版収載品目（2005）のうち、第十六改正日本薬局方収載品目（＊局）をのぞいたもの

NO	植物和名	科	生薬名	使用部位	薬理	染色の可否	染料名	
1	アイ	タデ科	ランヨウ（藍葉）ランジツ（藍実）	葉、実	解熱、解毒、消炎、止血、白室、扁桃腺炎、喉頭炎、虫刺され	●	藍（青色）	タデ藍は、葉を使用
2	アオキ	ミズキ科	トウヨウサンゴ（桃葉珊瑚）	新鮮葉、果実	火傷、しもやけ、腫れ物、脚気、浮腫	●	ヤエヤマアオキ（オレンジ色）	根を使用
3	アオダモ（コバノトネリコ、アオタゴ）	モクセイ科	シンピ（秦皮）	樹皮	下痢止め、消炎、解熱、痛風、洗顔	●	アオダモ（青色）	アイヌでは鏃の消毒に使用した
4	アカザ	アカザ科	レイヨウ（藜葉）	全草	虫刺され、歯痛のうがい薬、健胃、強壮、歯痛	×	－	
5	アカネ	アカネ科	セイソウコン（茜草根）	根	止血、通経、鎮咳、去痰	●	日本茜（赤色）	
6	アカメガシワ	トウダイグサ科	アカメガシワ（赤芽柏）＊局	皮類：樹皮	胃潰瘍、十二指腸潰瘍、胃腸疾患、胆石症、あせも	●	赤芽柏（樺色）	
7	アカヤジオウ	ゴマノハグサ科	ジオウ（地黄）＊局	根（根ジオウ）、根を蒸したもの（熟ジオウ）	緩下、利尿、血糖降下	×	－	
8	アキカラマツ	キンポウゲ科	タカトウグサ（高遠草）	全草	下痢止め、腹痛、健胃、解熱、解毒	×	－	
9	アケビ	アケビ科	モクツウ（木通）＊局	つる性の茎	利尿、通経、消炎、排膿	▲	木通（アケビ）（黄色：アルミ媒染）（生壁色：銅媒染）	染料としては良質ではない
10	アサ	クワ科	マシニン（麻子仁）＊局 タイマ（大麻）	果実、果穂のついた枝、樹脂	漢方処方薬用（緩下）、大麻は鎮痛、鎮静、睡眠薬、幻覚	×	－	
11	アサガオ	ヒルガオ科	ケンゴシ（牽牛子）＊局	種子（黒色～灰赤褐色：黒牽牛子、灰白色～淡褐色：白牽牛子）	峻下、緩下	×	－	
12	アジサイ	ユキノシタ科	ショウカ（紫陽花）	花、葉	解熱剤	×	－	
13	アシタバ（ハチジョウソウ）	セリ科	カンソウ（鹹草）	葉	利尿、緩下、高血圧症予防	×	－	
14	アマチャ	ユキノシタ科	アマチャ（甘茶）＊局	葉および枝先	糖尿病（甘味料）	×	－	
15	アマドコロ	ユリ科	イズイ（萎蕤）、ギョクチク（玉竹）	根茎	強壮、強精剤、多汗、多尿、遺精			

NO	植物和名	科	生薬名	使用部位	薬理	染色の可否	染料名	
16	アミガサユリ	ユリ科	バイモ（貝母）＊＊局外	鱗茎	鎮咳、去痰、止血、解熱薬	×	－	茶花で用いられる
17	イ	イグサ科	トウシンソウ（灯心草）	髄または地上部	利尿、解熱、鎮静、淋病、水腫、不眠	×	－	
18	イカリソウ（キバナイカリソウ）	メギ科	インヨウカク（淫羊藿）＊局	地上部	神経衰弱、健忘症、強精、強壮	×	－	
19	イタドリ	タデ科	コジョウ（虎杖）、コジョウコン（虎杖根）	根茎	緩下、じんましん、月経不順、夜尿症、気管支炎	●	イタドリ（黄茶色～鶯色）	根を使用（9月頃は葉茎も使用可）
20	イチイ	イチイ科	イチイヨウ（一位葉）	葉、果実	利尿、通経、咳止め、下痢	●	イチイ（赤色）	心材を使用
21	イチジク	クワ科	ムカカ（無花果）ムカカヨウ（無花果葉）	果実、葉、茎	血圧降下、咽頭痛、イボとり、水虫	×	－	
22	イトヒメハギ	ヒメハギ科	オンジ（遠志）	根	漢方処方薬用	×	－	
23	イヌサフラン	ユリ科	コルヒクム	鱗茎	痛風の疼痛、発赤を寛解	×	－	サフランはアヤメ科
24	イヌザンショウ	ミカン科	ガイショウ（崖椒）	葉、果実	鎮咳、打撲（外用）	×	－	
25	イヌタデ	タデ科	バリョウ（馬蓼）	全草	回虫駆除、下痢による腹痛、皮膚病	×	－	
26	イヌホオズキ	ナス科	リュウキ（龍葵）リュウキシ（龍葵子）	全草、果実	解熱、利尿、腫れ物	×	－	
27	イノモトソウ	イノモトソウ科	ホウビソウ（鳳尾草）	全草	止血、消腫、解熱、解毒	×	－	
28	インドジャボク	キョウチクトウ科	ラウオルフィア（印度蛇木根）	根、根茎	血圧降下、鎮静	×	－	
29	ウイキョウ	セリ科	ウイキョウ（茴香）＊局	果実	健胃、去痰、鎮痛	●	ウイキョウ（ストローイエロー、枯葉色）	フェンネルのこと
30	ウコギ	ウコギ科	ゴカヒ（五加皮）ゴカヨウ（五加葉）	皮類：根皮、葉	滋養強壮、鎮痛、腰痛、疲労回復、冷え症	●	五加（ウコギ）（黒色）	
31	ウコン	ショウガ科	ウコン（鬱金）＊局	主根茎・側根茎（湯通ししたもの）	芳香性健胃、利胆	●	鬱金（黄色）	食品用天然色素としても使用
32	ウスバサイシン	ウマノスズクサ科	サイシン（細辛）＊局	根、根茎	解熱、鎮痛、抗炎症	×	－	
33	ウチワサボテン	サボテン科	センニンショウ（仙人掌）センニンシ（仙人子）	地下茎、果実	解熱、鎮咳、消炎	×	－	コチニール生産に使用

第二章　赤の範疇　89

NO	植物和名	科	生薬名	使用部位	薬理	染色の可否	染料名	
34	ウツギ	ユキノシタ科	ソウソ（溲疏）	葉、果実	利尿	×	－	
35	ウツボグサ	シソ科	カゴソウ（夏枯草）＊局	花穂	消炎利尿薬	×	－	
36	ウド	ウコギ科	ドッカツ（独活）ワキョウカツ（和羌活）＊＊局外	根茎、根	頭痛、めまい、浴湯料、風邪、リウマチ、神経痛、関節炎	×	－	
37	ウメ	バラ科	ウバイ（烏梅）＊＊局外	未熟果実を燻製したもの	鎮咳、去痰、解熱、鎮吐、下痢止め、回虫駆除、整腸	×	－	紅花染色の媒染剤に使用
38	ウラルカンゾウ	マメ科	カンゾウ（甘草）＊局	根、ときに周皮をのぞいたもの	緩和、矯味、鎮痙、去痰	×	－	
39	ウルチマイ	イネ科	コウベイ（粳米）	種子（仁）	健胃、強壮、口渇	×	－	
40	ウンシュウミカン	ミカン科	チンピ（陳皮）＊局	成熟した果皮（未成熟：青皮、成熟し新しい：橘皮、成熟し古い：陳皮）	芳香性健胃、鎮咳、去痰	×	－	
41	エゾウコギ	ウコギ科	シゴカ（刺五加）＊局	根茎（しばしば根を伴う）	強壮、精神安定	×	－	
42	エビスグサ	マメ科	ケツメイシ（決明子）＊局	種子	緩下、整腸、腹部膨満感、利尿	●	エビスグサ（黄色）	奄美ではハブソウ、ハブチャなど
43	エビヅル	ブドウ科	オウイク（蘡薁）	果実、根、蔓茎	渇き止、利尿、焦熱痛、腹痛、腫傷	●	エビヅル（葡萄（エビ）色）	果実を使用
44	エンゴサク	ケシ科	エンゴサク（延胡索）＊局	塊茎	鎮痛、鎮痙、胃液分泌抑制	×	－	
45	エンジュ	マメ科	カイカ（槐花）＊＊局外	つぼみ	毛細血管強化、抗アナフィラキシー作用、アドレナリン代謝	●	エンジュ（槐）（黄色）	
46	オウレン	キンポウゲ科	オウレン（黄連）＊局	根をほとんど除いた根茎	消炎、苦味健胃、神経不安	●	黄連（黄色）	
47	オオグルマ	キク科	ドモッコウ（土木香）	根	発汗、利尿、去痰、駆虫	●	オオグルマ（青色（媒染剤・木灰））	
48	オオケタデ	タデ科	コウソウ（葒草）	全草、葉	虫刺され、腫れ物	×	－	
49	オオツヅラフジ	ツヅラフジ科	ボウイ（防已）＊局	つる性の茎、根茎	神経痛、関節リウマチ、水腫、脚気	●	Hem（ツヅラフジ科）（黄色）	ラオスの染料
50	オオバコ	オオバコ科	シャゼンシ（車前子）シャゼンソウ（車前草）＊局	種子、花期の全草	鎮咳、利尿、消炎、去痰	×	－	

NO	植物和名	科	生薬名	使用部位	薬理	染色の可否	染料名	
51	オオバリンドウ	リンドウ科	ジンギョウ（秦艽）	根	解熱、鎮痛、消炎、利尿薬	×	－	
52	オオムギ	イネ科	バクガ（麦芽）	発芽種子	消化酵素	×	－	
53	オカゼリ（蛇床）	セリ科	ジャショウシ（蛇床子）＊局	果実	殺菌殺虫作用、収斂作用	×	－	
54	オケラ	キク科	ビャクジュツ（白朮）＊局	根茎（和白朮、唐白朮）	健胃、整腸、利尿、神経痛、動悸、息切れ、胃腸病	×	－	
55	オタネニンジン	ウコギ科	ニンジン（人参）＊局 コウジン（紅参）＊局	根	血圧降下、呼吸促進、血糖降下、赤血球数の増加	×	－	
56	オダマキ（ミヤマオダマキ）	キンポウゲ科	チョカン（苧環）	全草	下痢、関節炎	×	－	
57	オニノヤガラ	ラン科	テンマ（天麻）＊局	塊茎（通常蒸したもの）	漢方処方薬（鎮静、鎮痙）	×	－	
58	オニユリ	ユリ科	ビャクゴウ（百合）＊局	鱗片葉（通常蒸したもの）	鎮咳、解熱、消炎、利尿	×	－	
59	オモト	ユリ科	マンネンセイコン（万年青根）マンエンセイヨウ（万年青葉）	根茎、葉、全草	強心（有毒植物）	×	－	
60	オリーブ（オリーブノキ）	モクセイ科	オリーブ油	果実から得た脂肪湯	軟膏基材	×	－	
61	カイソウ	ユリ科	カイソウ（海葱）	肉質の鱗片葉	強心、殺そ材	×	－	
62	カカオ	アオギリ科	カカオシ（カカオ脂）＊局	種子	坐剤の基薬	×	－	
63	カギカズラ	アカネ科	チョウトウコウ（釣藤鈎）＊局	棘の付いた茎	鎮痙、鎮痛、血圧降下、収れん、引きつけ	●	カテキュー、阿仙（茶系色）	ガンビールノキ（カギカズラと同類）の枝葉、実を用いる
64	カキドオシ	シソ科	レンセンソウ（連銭草）	全草	糖尿病、小児の疳、消炎、湿疹、入湯料	●	カキドオシ（黄茶色、鼠色、こげ茶色）	
65	カキノキ	カキ科	シテイ（柿蔕）＊＊局外	果実の宿存したガク	しゃっくり、血圧降下、しもやけかぶれ	×	－	但し、柿渋は染料に使用
66	ガジュツ（ムラサキウコン）	ショウガ科	ガジュツ（莪朮）＊局	主根茎を湯通しして乾燥、湯通しせず輪切りして乾燥	消化促進、腸蠕動、制がん作用、芳香性健胃	▲	紫ウコン（淡黄色）	
67	カスカラサグラダ	クロウメモドキ科	カスカラサグラダ	皮類：樹皮	緩下	×	－	
68	カノコソウ	オミナエシ科	キッソウコン（吉草根）＊局	根、根茎	鎮静薬、チンキ剤	×	－	

第二章　赤の範疇　91

NO	植物和名	科	生薬名	使用部位	薬理	染色の可否	染料名	
69	カミツレ	キク科	カミツレ**局外	頭花	鎮静、鎮痙、消炎作用、湿疹、浴湯料	●	ダイヤード・カモミールのみ	
70	カヤ	イチイ科	ヒジツ（榧実）	外種皮を除いた種子	寄生虫駆除、夜尿症	×	－	
71	カラシナ	アブラナ科	ガイシ（芥子）	種子	香辛料、皮膚引赤薬	×	－	
72	カラスビシャク	サトイモ科	ハンゲ（半夏）*局	コルク層をのぞいた球茎	つわり、胃部停水、悪心、嘔吐、心痛、鎮咳、のど痛、頭痛、不眠	×	－	
73	カラタチ	ミカン科	キジツ（枳実）*局	未熟な果実そのまま、あるいは半切りを枳実、完熟直前の輪切りを枳殻（キコク）	健胃、利尿、下痢、腹痛、消化不良、腹部膨満、のどの渇き	×	－	
75	カラバル豆	マメ科	カラバル豆	種子	虹彩収縮作用、眼圧低下	×	－	
76	カリン	バラ科	モッカ（木瓜）**局外	偽果	鎮咳、疲労回復	×	－	
77	カルダモン	ショウガ科	ショウズク（小豆蔲）*局	果実（用時、果皮を除いて種子のみを用いる）	香辛料、芳香性健胃、苦味チンキ	×	－	
78	カワラケツメイ	マメ科	サンペンズ（山扁豆）	全草	利尿、健康茶、強壮、鎮咳、便秘	×	－	
79	カワラナデシコ（ナデシコ、ヤマトナデシコ）	ナデシコ科	クバク（瞿麦）クバクシ（瞿麦子）	全草、種子	消炎、利尿、通経薬、月経不順	×	－	
80	カワラヨモギ	キク科	インチンコウ（茵蔯蒿）*局	頭花	消炎性利尿、利胆薬、黄疸、じんましん、むくみ	×	－	
81	カンアオイ	ウマノスズクサ科	ドサイシン（土細辛）トコウ（杜衡）	根、根茎	鎮咳	×	－	
82	キカラスウリ	ウリ科	カロコン（栝楼根）*局 カロニン（栝楼仁）**局外	皮層をのぞいた根、種子	止渇、解熱、消腫薬、咽頭痛、口渇去痰	×	－	天花粉
83	キキョウ	キキョウ科	キキョウ（桔梗）*局	根（生干桔梗、晒桔梗）	去痰、鎮咳	×	－	
84	キク	キク科	キクカ（菊花）*局	頭花	解熱、鎮痛、消炎、解毒	×	－	キンケイ菊（*Coreopsis grandiflora*）は染色可
85	キササゲ	ノウゼンカズラ科	キササゲ*局	果実（やや成熟したもの）	利尿	×	－	

NO	植物和名	科	生薬名	使用部位	薬理	染色の可否	染料名	
86	キダチアロエ	ユリ科	ロカイ（蘆薈）	生葉、葉肉	緩下、苦味健胃、火傷	×	－	
87	キハダ（黄檗）	ミカン科	オウバク（黄柏）＊局	皮類：樹皮	健胃、整腸、止瀉	●	黄檗、黄膚（黄色）	
88	キバナオウギ	マメ科	オウギ（黄耆）＊局	根	血圧降下、利尿	×	－	
89	キョウオウ（ハルウコン）	ショウガ科	キョウオウ（姜黄）	根茎	芳香性健胃	(▲)	（黄色）	鬱金と同じクルクミンがあるため黄色に染まるが、鬱金は「秋ウコン」と呼びわけている
90	キョウチクトウ	キョウチクトウ科	キョウチクトウ（夾竹桃）	葉（有毒）、樹皮	打撲の腫れ、痛み	×	－	
91	キリ（ココノエギリ）	ノウゼンカズラ科	トウヒ（桐皮）トウヨウ（桐葉）	樹皮、葉	いぼ、火傷、利尿	×	－	
92	キンカン	ミカン科	キンキツ（金橘）	果実	鎮咳、疲労回復	×	－	
93	キンシバイ	オトギリソウ科	ボウシュカ（芒種花）	全草	利尿、肝炎、口内炎、鎮咳、細菌性下痢	×	－	
94	キンミズヒキ	バラ科	リュウガソウ（龍牙草）	開花期の全草	下痢止め、口内炎	×	－	
95	キンモクセイ	モクセイ科	キンモクセイ（金木犀）	花	歯痛	×	－	
96	クコ	ナス科	クコシ（枸杞子）＊局 ジコッピ（地骨皮）＊局 クヨウ（枸杞葉）＊＊局外	果実（液果）、皮類：根皮、葉	強壮、解熱、利尿、高血圧	×	－	
97	クサギ	クマツヅラ科	シュウゴトウ（臭悟桐）、シュウゴトウコン（臭悟桐根）	葉、草、根	痔、腫れ物	●	クサギ（実）（青色）	
98	クサスギカズラ	ユリ科	テンモンドウ（天門冬）＊局	コルク化した外層をのぞいた根	利尿、鎮咳、滋養強壮	×	－	
99	クサソテツ	オシダ科	カンジュウ（貫衆）	根茎、葉柄基部	条虫駆除（有毒植物）	×	－	
100	クサノオウ（イボクサ・タムジグサ）	ケシ科	ハククツサイ（白屈菜）	全草（有毒）	湿疹、疥癬、いぼなど皮膚疾患	×	－	
101	クズ	マメ科	カッコン（葛根）＊局	周皮のぞいた根	鎮痙、漢方処方用薬	●	葛（葉）（灰黄色）	
102	クスノキ	クスノキ科	ショウノウ（樟脳）	材から得られた精油	打撲傷	×	－	

第二章　赤の範疇　93

NO	植物和名	科	生薬名	使用部位	薬理	染色の可否	染料名	
103	クスノハガシワ	トウダイグサ科	カマラ	果実の表皮の腺毛	条虫駆虫薬	●	カマラ（オレンジ色）	インドで染料使用
104	クチナシ	アカネ科	サンシシ（山梔子）＊局	果実	打撲、腰痛、腫れ物	●	クチナシ（梔子）（黄色～茶色）	
105	クヌギ、コナラ、ミズナラ、アベマキ	ブナ科	ボクソク（樸樕）＊局 ドコッピ（土骨皮）	皮類：樹皮	解毒、抗炎作用作用	●	橡（茶褐色）	赤白橡は、橡の下地の上に茜で染めたもの。禁色。
106	クヘントウ	バラ科	クヘントウ（苦扁桃）	種子	去痰	●	アーモンド（茶系色～黒褐色）	但し、葉を使用
107	クマコケモモ	ツツジ科	ウワウルシ＊局	葉	殺菌	×	-	
108	クララ	マメ科	苦参（クジン）＊局	周皮をのぞいた根	鎮痛、解熱	●	クララ（淡黄色）	
109	クリ	ブナ科	リツモウキュウ（栗毛毬）、リツヨウ（栗葉）	樹皮、いが、葉	火傷、うるしかぶれ	●	樹皮、葉、毬（黄茶色）樹幹、果皮（赤みの薄茶）	
110	ケイガイ	シソ科	ケイガイ（荊芥穂）＊局	花穂	発汗、解熱、鎮痛、止血	×	-	
111	ゲッケイジュ	クスノキ科	ゲッケイジュ（月桂樹）ゲッケイジツ（月桂実）	葉、果実	リウマチ			
112	ゲットウ	ショウガ科	ダイソウコ（大草蔲）	種子	芳香性健胃、香辛料	●	月桃（薄赤色）	但し、葉を使用
113	ゲンジン	ゴマノハグサ科	ゲンジン（元参）＊＊局外	根	消炎、治瘡薬、漢方処方用薬	×	-	
114	ゲンチアナ	リンドウ科	ゲンチアナ＊局	根、根茎	苦味健胃薬、漢方処方用薬	×	-	
115	ゲンノショウコ	フウロソウ科	ゲンノショウコ＊局	地上部	下痢止め、便秘、整腸	●	ゲンノショウコ（淡黄色～濃灰色）	タンニン染料の一つ
116	コウホネ（カワホネ）	スイレン科	センコツ（川骨）＊局	根茎を縦割りしたもの	婦人病薬、強壮、止血、月経不順、産前産後、更年期障害	×	-	
117	コウホン	セリ科	コウホン（藁本、唐藁本）＊＊局外	根茎、根	鎮痛、鎮痙、通経、抗炎症薬	×	-	
118	コウリョウキョウ	ショウガ科	リョウキョウ（良姜）＊局	根茎	芳香性健胃、鎮痛、鎮吐	×	-	
119	コオニタビラコ	キク科	オウアンサイ	全草	アレルギー	×	-	
120	コガネバナ	シソ科	オウゴン（黄芩）＊局	周皮のぞいた根	漢方処方用薬、健胃消化、止瀉整腸	●	コガネバナ（黄褐色）	
121	コカノキ	コカ科	コカ（コカ葉）	葉	局所麻酔	×	-	

NO	植物和名	科	生薬名	使用部位	薬理	染色の可否	染料名	
122	コクサギ	ミカン科	ワジョウサン（和常山）シュウサンヨウ（臭山羊）	根、枝、葉	殺虫、腫れ物	×	−	
123	ゴシュユ	ミカン科	ゴシュユ（呉茱萸）＊局	果実	健胃	●	呉茱萸（黄色）	中国のみ染料使用可葉を使用
124	コショウ	コショウ科	コショウ（胡椒）	未熟果実（黒胡椒）	香辛料、腹痛、歯痛、吐瀉	×	−	
125	コノテガシワ	ヒノキ科	ハクシニン（柏子仁）、ソクハクヨウ（側柏葉）	種子、葉	強壮、止瀉、止血	●	コノテガシワ（淡黄色〜薄灰紫色）	但し、樹皮を使用
126	コブシ	モクレン科	シンイ（辛夷）＊局	つぼみ	鼻炎、蓄膿症	●	コブシ（辛夷）	但し、実を使用
127	ゴボウ	キク科	ゴボウシ（牛蒡子）＊局	果実	去痰止咳、清熱解毒	×	−	
128	ゴマ	ゴマ科	ゴマ（胡麻）＊局	成熟種子	肝過酸化脂質生成抑制	×	−	
129	コムギ	イネ科	ショウバク（小麦）	種子	駆瘀血、解熱、消炎、利尿	×	−	
130	コロンボ	ツヅラフジ科	コロンボ＊局	根	苦味健胃、止瀉薬に配合	×	−	
131	コンズランゴ	ガガイモ科	コンズランゴ＊局	皮類：樹皮	苦味健胃	×	−	
132	コンニャク	サトイモ科	クジャク（蒟蒻）	球茎	利尿、止渇	×	−	
133	サイカチ	マメ科	ソウキョウ（皂莢）	豆果の果皮	抗菌、去痰、洗剤、代用石鹸	●	サイカチ（茶色）	実と莢は染料、莢は石鹸にも使用
134	サキシマボタンヅル	キンポウゲ科	イレイセン＊局	根、根茎	漢方処方用薬、鎮痛	×	−	
135	ザクロ	ザクロ科	ザクロヒ（石榴皮）セキリュウコンピ（石榴根皮）	果実、皮類：樹皮および根皮	寄生虫駆除、口内炎	●	石榴（果皮）（赤褐色）	
136	サジオモダカ	オモダカ科	タクシャ（沢瀉）＊局	塊茎（周皮をのぞいたもの）	利尿	×	−	
137	サネブトナツメ	クロウメモドキ科	サンソウニン（酸棗仁）＊局	種子	鎮静、抗痙攣作用	×	−	
138	サフラン	アヤメ科	サフラン＊局	柱頭	生理痛、月経不順、風邪	●	サフラン（オレンジ色）	
139	サラシナショウマ	キンポウゲ科	ショウマ（升麻）＊局	根茎	漢方処方薬用	×	−	
140	サルトリイバラ	ユリ科	サンキライ（山帰来）＊局バッカツ	塊茎	利尿、腫れ物	●	山帰来（赤橙〜赤茶色）	但し、根を使用

NO	植物和名	科	生薬名	使用部位	薬理	染色の可否	染料名	
141	サンザシ	バラ科	サンザシ（山査子）＊局	偽果	健胃、消化促進、腰痛、産後腹痛	×	−	
142	サンシュユ	ミズキ科	サンシュユ（山茱萸）＊局	偽果の果肉（萸肉）	疲労回復、強壮	▲	サンシュユ（山茱萸）（淡黄色）	染料としては良質ではない
143	サンショウ	ミカン科	サンショウ（山椒）＊局	成熟した果皮（できるだけ種子を除く）	芳香性健胃、利尿	×	−	
144	サンズコン	マメ科	サンズコン（山豆根）＊＊局外	根、根茎	解毒、鎮痛、抗腫瘍薬、漢方処方用薬	×	−	
145	シオン	キク科	シオン（紫苑）＊＊局外	根、根茎	鎮咳、去痰	×	−	襲色目「紫苑色」は紅花と二藍で染色
146	ジギタリス	ゴマノハグサ科	ジギタリス	葉	強心利尿薬	×	−	
147	シシウド	セリ科	キョウカツ（羌活）＊局	根茎、根	鎮痛、鎮痙、新陳代謝賦活	×	−	
148	シソ	シソ科	ソヨウ（蘇葉、紫蘇葉）＊局、シソシ（紫蘇子）＊＊局外	葉（縮んだ葉、しばしば細い茎含む）、種	風邪、魚肉中毒	●	紫蘇（薄青色）	
149	シナマオウ	マオウ科	マオウ（麻黄）＊局	地上茎（根を除く）	鎮咳	×	−	
150	シナヨモギ（セメンシナ）	キク科	シナ	つぼみ	回虫蟯虫駆除	×	−	
151	シャクチリソバ	タデ科	シャクチリ（赤地利）	全草、根茎	高血圧、動脈硬化症、肝炎、胃痛、のどの痛み、火傷	×	−	
152	シャクヤク	ボタン科	シャクヤク（芍薬）＊局	根（赤芍、真芍、白芍）	腹痛、胃痙攣、婦人病	×	−	
153	ジャノヒゲ（ヤブラン）	ユリ科	バクモンドウ（麦門冬）＊局	根の膨大部	鎮咳、去痰、滋養強壮	×	−	
154	シュクシャ	ショウガ科	シュクシャ（縮砂）＊局	種子の塊（種子の団塊で果皮は除去）	芳香性健胃	×	−	
155	ジュズダマ	イネ科	センコク（川穀）	苞鞘を含めた果実	消炎、利尿、鎮痛	×	−	
156	シュロ	ヤシ科	シュロヨウ（棕櫚葉）シュロジツ（棕櫚実）	葉、果実、かほの新芽、幹皮	高血圧の予防、鼻血の止血	×	−	
157	ショウガ	ショウガ科	ショウキョウ（生姜）＊局	根茎	芳香性健胃、矯味、矯臭、食欲増進	×	−	
158	ショウブ	サトイモ科	ショウブコン（菖蒲根）スイショウブ（水菖蒲）	根茎	浴湯料（神経痛、リウマチ）	×	−	

NO	植物和名	科	生薬名	使用部位	薬理	染色の可否	染料名	
159	シラン	ラン科	ビャッキュウ（白笈）	鱗茎	止血、火傷、あかぎれ、創傷	×	-	
160	シロバナイリス	アヤメ科	イリス	根茎	塗布剤、粉菌磨、洗剤の香料	×	-	香料
161	シロバナムシヨケギク	キク科	ジョチュウギク（除虫菊）	頭花	殺虫剤	×	-	
162	ジンコウボク・キャラ	ジンチョウゲ科	ジンコウ（沈香）	心材	薫香料	×	-	
163	スイカズラ	スイカズラ科	ニンドウ（忍冬）＊局 キンギンカ（金銀花）＊＊局外	葉および茎、つぼみ	腰痛、関節痛、解熱、腫れ物	×	-	
164	スイセン	ヒガンバナ科	スイセンコン（水仙根）スイセンカ（水仙花）	鱗茎、花	腫れ物、肩こり（外用）	×	-	
165	スオウ	マメ科	ソボク（蘇木、蘇芳木）＊局	心材	打撲捻挫の腫脹、疼痛、産後の止血、染料	●	蘇芳（赤色）	
166	スギナ	トクサ科	モンケイ（門荊）	茎	利尿、解熱、鎮咳	●	スギナ（黄系色〜黄緑色）	
167	スズラン（キミカゲソウ）	ユリ科	スズラン（鈴蘭）	全草	強心、利尿（有毒植物）	×	-	
168	ストロファンツス	キョウチクトウ科	ストロファンツス	芒を除いた種子	強心利尿薬	×	-	
169	セイヨウタンポポ	キク科	ホコウエイ（蒲公英）	全草	解熱、健胃、利尿、強壮、催乳	●	セイヨウタンポポ（黄系色〜黄緑色）	但し、花を使用
170	セキショウ	サトイモ科	セキショウコン（石菖根）＊＊局外	根茎	健胃、鎮痛	×	-	
171	セネガ	ヒメハギ科	セネガ＊局	根	鎮咳、去痰	×	-	
172	セリ	セリ科	スイキン（水芹）	全草	去痰、食欲増進、緩下、補温	×	-	
173	センキュウ	セリ科	センキュウ（川芎）＊局	根茎（通常湯通ししたもの）	補血、強壮、鎮痛、鎮静、理血	×	-	
174	ゼンコ（ノダケ）	セリ科	ゼンコ（前胡）＊局	根	解熱、去痰、鎮咳	×	-	
175	センダン	センダン科	クレンピ（苦楝皮）クレンシ（苦楝子）	皮類：樹皮、果実	回虫・条虫駆除、しもやけ、ひび	●	センダン（シンダン、シンダンギー）（黄及び茶色）	但し、葉を使用琉球絣
176	センナ	マメ科	センナ＊局	小葉	緩下、便秘の緩和	×	-	
177	センニンソウ	キンポウゲ科	テッキャクイレイセン（鉄脚威霊仙）	生葉、根	扁桃炎	×	-	

第二章　赤の範疇　97

NO	植物和名	科	生薬名	使用部位	薬理	染色の可否	染料名	
178	センブリ	リンドウ科	センブリ（当薬）＊局	開花期の全草	苦味健胃、整腸薬、苦味チンキ剤	×	－	
179	ソテツ	ソテツ科	ソテツシ（蘇鉄子）ソテツジツ（蘇鉄実）	種子	鎮咳、通経、切り傷	×	－	大島紬の泥染（泥田）の鉄分はソテツで補充する
180	ソメイヨシノ	バラ科	オウヒ（桜皮）	樹皮、葉	去痰、腫れ物、ヘビの咬傷	×	－	
181	ダイオウ	タデ科	ダイオウ（大黄）＊局	根茎	緩下、消炎、健胃整腸薬	●	大黄（黄色）	
182	ダイコンソウ	バラ科	スイヨウバイ（水揚梅）	全草	利尿	×	－	
183	ダイダイ	ミカン科	トウヒ（橙皮）	成熟した果皮	芳香性健胃、苦味チンキ、トウヒチンキ	×	－	
184	タマスダレ	ヒガンバナ科	カンプウソウ（肝風草）	全草	催吐作用、小児の突然のひきつけ	×	－	
185	タラノキ	ウコギ科	タラコンピ（タラ根皮）＊＊局外	皮類：根皮	糖尿病、健胃、利尿	×	－	
186	チガヤ	イネ科	ボウコン（茅根）＊局	根茎（細根および鱗片葉をのぞいたもの）	利尿、止血、急性腎炎、浮腫、鼻血、喀血	×	－	
187	チャ（チャノキ）	ツバキ科	チャ（茶葉）	葉	風邪予防（うがい）、下痢止め	●	茶	
188	チョウジ	フトモモ科	チョウジ（丁子、丁香）＊局	つぼみ	健胃、鎮嘔、芳香性健胃	●	丁子 ※「香色」の染料	
189	チョウセンゴミシ	マツブサ科	ゴミシ（五味子）＊局	果実（液果）	鎮咳、滋養、強壮	×	－	
190	ツバキ（ヤブツバキ）	ツバキ科	ツバキアブラ（椿油）	種子	軟膏基材	×	－	椿の枝葉の灰汁は、紫染の重要な媒染剤
191	ツリガネニンジン（ツリガネソウ）	キキョウ科	シャジン（沙参）＊＊局外	根	鎮咳、去痰	×	－	
192	ツルドクダミ	タデ科	カシュウ（何首烏）＊局	塊根、しばしば輪切りされる	整腸、緩下	×	－	
193	ツルナ（ヤマヂシャ）	ツルナ科	バンキョウ（蕃杏）	全草	胃炎、腸炎、敗血症、紅腫、眼赤	×	－	
194	ツルニンジン	キキョウ科	サンカイラ（山海螺）	根	去痰	×	－	
195	ツワブキ	キク科	タクゴ（橐吾）	根茎、茎、生葉	健胃、魚中毒、下痢止め、打撲、腫れ物、切り傷	×	－	
196	テイカカズラ	キョウチクトウ科	ラクセキ（絡石）	茎、葉	解熱	●	定家葛（テイカカズラ）	

NO	植物和名	科	生薬名	使用部位	薬理	染色の可否	染料名	
197	テウチグルミ（カシグルミ）	クルミ科	コトウセイヒ（胡桃青皮）コトウニン（胡桃仁）	未熟果皮、種子、樹皮、葉	脛部リンパ腺炎、毒虫の刺傷	●	クルミ（黒系）	但し、樹皮や果皮を使用
198	テンダイウヤク	クスノキ科	ウヤク（烏薬）＊局	根	芳香性健胃	×	－	
199	トウガラシ	ナス科	トウガラシ（番椒）＊局	果実	香辛料、辛味健胃剤、ハップ剤、浴湯料	×	－	
200	トウガン	ウリ科	トウガシ（冬瓜子）（仁）	種子（仁）	鎮咳、去痰、排膿、消炎性利尿薬	×	－	
201	トウキ	セリ科	トウキ（当帰）＊局	根（通例、湯通しした根）	月経不順、生理痛	●	当帰（トウキ）（紫色）	
202	トウグミ	グミ科	モクハンゲ（木半夏）	果実	打撲傷、喘息、痢疾、痔瘡	×	－	
203	トウリンドウ	リンドウ科	リュウタン（竜胆）＊局	根、根茎	苦味健胃薬	×	－	
204	トクサ	トクサ科	モクゾク（木賊）	茎	解熱、下痢、痔出血	×	－	
205	ドクダミ	ドクダミ科	ジュウヤク（十薬）＊局	花期の地上部	利尿、緩下、消炎	●	ドクダミ（淡黄色〜茶褐色）	
206	トコン	アカネ科	トコン（吐根）＊局	根、根茎	催吐性去痰薬、エメチン塩酸塩の原料	×	－	
207	トチバニンジン	ウコギ科	チクセツニンジン（竹節人参）＊局	根茎（通常湯通ししたもの）	去痰、解熱、健胃	×	－	
208	トチュウ	トチュウ科	トチュウ（杜仲）＊局	樹皮	強壮、強精、鎮痛、高血圧、腰痛、利尿	×	－	
209	トネリコ	モクセイ科	シンピ（秦皮）	樹皮	消炎、下痢、解熱	×	－	
210	ナズナ	アブラナ科	サイサイ（さい菜）	全草	止血、利尿	×	－	
211	ナツメ	クロウメモドキ科	タイソウ（大棗）＊局	果実	滋養強壮	●	棗（茶系色）	
212	ナルコユリ（ノスズラン）	ユリ科	オウセイ（黄精）＊局	根茎	病後回復、糖尿病、精力減衰、動脈硬化症、血糖過多	●	黄精（黄色）	
213	ナワシログミ	グミ科	コタイシ（胡頽子）	果実	鎮咳、下痢止め、口渇	×	－	
214	ナンテン	メギ科	ナンテンジツ（南天実）＊＊局外	果実	消炎、鎮咳、喘息、百日咳	●	南天（淡黄色）	但し、枝（内皮）を使用
215	ニガキ	ニガキ科	ニガキ（苦木）＊局	木部	苦味健胃	●	苦木（黄色）	
216	ニクズク（ナツメグ）	ニクズク科	ニクズク（肉豆蔲）＊局	種子（仁）	香辛料、健胃・駆風薬、関節リウマチ（精油外用）	×	－	

第二章　赤の範疇　99

NO	植物和名	科	生薬名	使用部位	薬理	染色の可否	染料名	
217	ニシキギ	ニシキギ科	キセンウ（鬼箭羽）	翼状物のついた枝	月経不順、とげ抜き	×	－	
218	ニッケイ（シナモン）	クスノキ科	ケイヒ（桂皮）＊局	皮類：樹皮、周皮の一部除去したもの	芳香性健胃、矯味、発汗解熱、漢方処方用薬	●	ケイヒ（香染め）（肉桂色）	
219	ニラ	ユリ科	キュウシ（韭子）キュウサイシ（韭菜子）キュウサイ（韭菜）	種子、葉	頻尿、腰痛、強壮	×	－	
220	ニワトコ	スイカズラ科	セッコツボク（接骨木）＊局	幹、枝	鎮痛、消炎、止血、利尿	×	－	
221	ニンニク	ユリ科	ニンニク（大蒜）	鱗茎	健胃、強壮、整腸	×	－	
222	ヌルデ（寄生虫：ヌルデシロアブラムシによる）虫瘤	ウルシ科（寄生虫はアブラムシ科）	ゴバイシ（五倍子）	葉軸にできた虫瘤	口内の腫れ物、歯痛、扁桃炎	●	五倍子、没食子（黒色）	皮鞣し、青インク
223	ネズミモチ	モクセイ科	ジョテイ（女貞）ジョウテイシ（女貞子）	果実	強壮、強精	●	ネズミモチ（黄色～茶系色）	但し、枝葉を使用
224	ネムノキ	マメ科	ゴウカンピ（合歓皮）	樹皮	強壮、鎮痛、利尿	●	ネムノキ（褐色）	
225	ノアザミ	キク科	タイケイ（大薊）	根、茎葉	健胃、消炎、利尿	×	－	
226	ノイバラ	バラ科	エイジツ（営実）＊局	偽果または果実	利尿、緩下、おでき、にきび、腫れ物	●	ノイバラ（野茨）（黄茶色～銀鼠色）	テリハノイバラなど枝葉を使用
227	ノウゼンカズラ	ノウゼンカズラ科	リョウショウカ（凌霄花）	花	利尿、通経	×	－	
228	ノキシノブ	ウラボシ科	ガイ（瓦韋）	全草	むくみ、腫れ物			
229	ノブドウ	ブドウ科	ジャホトウ（蛇葡萄）ジャホトウコン（蛇葡萄根）	根	関節痛、目の充血	●	ノブドウ（白緑色 銅媒染）	
230	バイケイソウ	ユリ科	バイケイソウ	根茎	血圧降下、吐剤、鎮痛、家畜の害虫駆除	×	－	
231	バクチノキ	バラ科	バクチョウ（博打葉）	葉	あせも（外用）	●	バクチノキ（黄）	但し、樹皮を使用
232	ハコベ	ナデシコ科	ハンロウ（繁縷）	全草	利尿、浄血、催乳	▲	ハコベ塩（緑色）	
233	ハシリドコロ	ナス科	ロートコン（莨菪根）＊局	根茎、根	消化液分泌抑制、鎮痛鎮痙胃腸薬に配合	×	－	
234	ハス	スイレン科	レンニク（蓮肉）＊局	内果皮の付いた種子または胚を除いた種子	鎮静剤、強壮薬、婦人病薬	●	蓮（黄色～淡褐色）	但し、葉を使用

NO	植物和名	科	生薬名	使用部位	薬理	染色の可否	染料名	
235	ハズ	トウダイグサ科	ハズ（巴豆）	種子	便秘症、小児の消化不良	×	-	
236	ハチク・マダケ	イネ科	チクジョ（竹茹）＊＊局外	内層	和胃、清熱、化痰	×	-	
237	パチョリー	シソ科	カッコウ（藿香）＊局	地上部	芳香性健胃、パチョリ油製造原料	×	-	
238	ハッカ	シソ科	ハッカ（薄荷）＊局	地上部	芳香性健胃、駆風	×	-	
239	ハトムギ	イネ科	ヨクイニン（薏苡仁）＊局	種皮を取り除いた種子（仁）	解熱鎮痛消炎薬	×	-	
240	ハナスゲ	ユリ科	チモ（知母）＊局	根茎	血糖値低下	×	-	
241	ハナトリカブト	キンポウゲ科	ブシ（附子）＊局	塊根、塩化カリウム水溶液と石灰にて加工	鎮痛、強心、利尿、新陳代謝機能亢進薬	×	-	
242	ハナハッカ（オレガノ）	シソ科	オレガノ（花）トウコウジュ（土香ジュ）	葉、花、全草	消化不良、調味料ハーブ	×	-	
243	バニラ	ラン科	バニラ	完熟前の果実	食品香料、	×	-	
244	ハハコグサ	キク科	ソキクソウ（鼠麹草）	全草	鎮咳、利尿、去痰	×	-	
245	ハブソウ	マメ科	ボウコウナン（望江南）	種子、葉	緩下、健胃	●	エビスグサ（ハブソウ）（黄色）	
246	ハマゴウ	クマツヅラ科	マンケイシ（蔓荊子）＊＊局外	果実	解熱、頭痛、消炎	●	ハマゴウ（赤系色）	白井『染料植物及染色篇』(1918)によると根を使用
247	ハマスゲ	カヤツリグサ科	コウブシ（香附子）＊局	根茎（細根を焼いて除く）	婦人病、通経、鎮痙、神経症、芳香性健胃	×	-	
248	ハマビシ	ハマビシ科	シツリツ（蒺藜）＊局	果実	利尿、浄血、消炎、眼疾病薬	×	-	
249	ハマボウフウ	セリ科	ハマボウフウ（浜防風）＊局	根、根茎	発汗、解熱、鎮痛	×	-	
250	ハラン	ユリ科	チチュウホウタン（蜘蛛抱蛋）	根茎	利尿、強心、去痰、強壮	×	-	
251	ハンゲショウ（カタシログサ）	ドクダミ科	サンパクソウ（三白草）	全草	利尿作用、解熱、解毒、むくみ、脚気、黄疸、でき物、腫れ物	×	-	
252	バンジロウ	フトモモ科	バンセキリュウ（蕃石榴）	葉、果実	健康茶、生食（ビタミンC）	●	グアバ（芥子～茶系色、灰色）	但し、樹皮、根皮を使用

第二章 赤の範疇　101

NO	植物和名	科	生薬名	使用部位	薬理	染色の可否	染料名	
253	ヒオウギ	アヤメ科	ヤカン（射干）	根茎	去痰	×	−	
254	ヒガンバナ	ヒガンバナ科	セキサン（石蒜）	鱗茎	肩こり	×	−	
255	ヒキオコシ	シソ科	エンメイソウ（延命草）**局外	地上部	健胃	×	−	
256	ヒシ	ヒシ科	ヒシノミ（菱実）**局外	果実	健胃、強壮、解毒薬	×	−	
257	ヒトツバ	ウラボシ科	セキイ（石葦）	葉	利尿	×	−	
258	ヒナタイノコヅチ	ヒユ科	ゴヒツ（牛膝）*局	根	漢方処方薬	×	−	
259	ビナンカズラ（サネカズラ）	マツブサ科	ゴミシ（五味子）	果実	鎮咳、滋養、強壮	×	−	
260	ビャクダン	ビャクダン科	ビャクダン（白檀）	心材	健胃、鎮痛薬、淋疾病治療薬	×	−	
261	ビャクブ	ビャクブ科	ビャクブ（百部）	根	駆虫	×	−	
262	ビヨウヤナギ	オトギリソウ	キンシトウ（金絲桃）	全草	止血、鎮痛、利尿、催乳	●	ビヨウヤナギ（黄色、赤紫色）	但し、花を使用
263	ヒヨス	ナス科	ヒヨス	葉および花枝	鎮痛痙攣薬	×	−	
264	ヒヨドリジョウゴ	ナス科	ハクエイ（白英）ハクモウトウ（白毛藤）	全草	疥癬、うるしかぶれ	×	−	
265	ヒヨドリバナ	キク科	ショウカンソウ（秤杆草）	地上部、根	解熱、発汗、糖尿病の予防、腫れ物	×	−	
266	ビワ	バラ科	ビワヨウ（枇杷葉）*局	葉	鎮咳、下痢止め、湿疹、あせも	●	枇杷（赤橙色）	
267	ビンロウヤシ	ヤシ科	ビンロウジ（檳榔子）	種子		●	檳榔子（黒褐色）	「藍下の黒」は檳榔子染めが最高級品とされた
268	フキ	キク科	ホウトウサイ（蜂斗菜）フキノトウ（蕗の薹）	根茎、葉、花茎	鎮咳、去痰、健胃	●	フキ（黄色〜薄緑色）	
269	フキタンポポ	キク科	カントウカ（款冬花）	つぼみ	鎮咳、去痰、利尿薬	×	−	
270	フジ	マメ科	トウリュウ（藤瘤）	藤こぶ、種子	消炎、緩下	●	フジ（芥子色〜薄緑灰色）	但し、樹皮を使用
271	フジバカマ	キク科	ランソウ（蘭草）	全草	かゆみ（浴湯料）	●	フジバカマ（緑灰色）	
272	フジマメ	マメ科	ヘンズ（扁豆）*局	種子	鎮静催眠作用	×	−	
273	フヨウ	アオイ科	フヨウ（芙蓉）	花、葉	婦人病、目薬、皮膚のかゆみ	●	フヨウ	

NO	植物和名	科	生薬名	使用部位	薬理	染色の可否	染料名	
274	ヘクソカズラ	アカネ科	ケイシトウカ（鶏）藤果	果実	しもやけ	×	−	
275	ベニノキ	ベニノキ科	アナトー	果泥（仮種子）を乾燥したもの	食用着色料、染料	●	アナトー（赤色、黄色）	褪色しやすいため、現在は食品着色料に使用
276	ベニバナ	キク科	コウカ（紅花）＊局	花（管状花）または黄色素の大部分を除き、圧縮していた状としたもの	通経薬（駆瘀血として、腹痛、婦人病、産前産後に用いられる）、染料	●	ベニバナ（紅花）（赤色、黄色）	
277	ヘビイチゴ	バラ科	ジャバイ（蛇毒）	全草	解熱、通経、痔	×	−	
278	ベラドンナ	ナス科	ベラドンナコン（ベラドンナ根）＊局	根	鎮痛、鎮痙、止汗、瞳孔散大	×	−	
279	ヘンルウダ	ミカン科	ウンコウ（芸香）	全草	駆風、通経、鎮痙、ヒステリー症	●	ヘンルーダ（ルー）（赤色）	但し、根を使用
280	ボウフウ	セリ科	ボウフウ（防風）＊局	根、根茎	発汗、解熱、鎮痛、鎮痙	×	−	
281	ホオノキ	モクレン科	コウボク（厚朴）＊局	皮類：樹皮	漢方処方薬	●	朴葉（褐色）	但し、枝葉を使用
282	ボケ	バラ科	モクカ（木瓜）	果実	疲労回復、不眠症、入浴剤、冷え性、低血圧症	●	ボケ（薄赤色）	ブータンでは媒染剤としても使用
283	ホソバオケラ	キク科	ソウジュツ（蒼朮）＊局	根茎	胃腸炎、浮腫	×	−	
284	ボタン	ボタン科	ボタンピ（牡丹皮）＊局	皮類：根皮	解熱、鎮痛、消炎	×	−	
285	ホップ	クワ科	ホップ腺	雌花穂苞葉の腺体	利尿、健胃、鎮静	×	−	
286	ボリビアキナノキ、アカキナノキ	アカネ科	キナ	皮類：枝、幹、根の皮	抗マラリア薬（キニーネの原料）	●	キナノキ（オレンジ）	
287	ホンアンズ	バラ科	キョウニン（杏仁）＊局	種子（仁）	鎮咳、食用	●	アンズ（淡黄色～茶系色）	但し、枝を使用
288	マイヅルテンナンショウ	サトイモ科	テンナンショウ（天南星）＊＊局外	コルク層をのぞいた塊茎	鎮痙、去痰	×	−	
289	マグワ（ヤマグワ）	クワ科	ソウハクヒ（桑白皮）＊局 ソウヨウ（桑葉）	皮類：根皮、葉	消炎、利尿、解熱、鎮咳	●	クワ（桑染め）（黄褐色）	
290	マサキ	ニシキギ科	ワトチュウ（和杜仲）チョウケイソウ（調経草）	樹皮	月経不順	×	−	

第二章 赤の範疇　103

NO	植物和名	科	生薬名	使用部位	薬理	染色の可否	染料名	
291	マタタビ	マタタビ科	モクテンリョウ（木天蓼）	果実の虫瘤	鎮痛、強壮、健胃	×	−	
292	マチン	マチン科	ホミカ（馬銭子：まちんし）＊局	種子	苦味健胃、神経性下痢、神経衰弱、麻痺	×	−	
293	マンサク	マンサク科	マンサクヨウ（満作葉）	葉	止血、下痢止め、皮膚炎、口内炎、扁桃腺炎	×	−	
294	ミシマサイコ	セリ科	サイコ（柴胡）＊局	根	鎮痛作用、抗アレルギー作用	×	−	
295	ミョウガ	ショウガ科	ジョウガ（蘘荷）	花穂、根茎	凍傷のかゆみ、消化促進	×	−	
296	ミロバラン	シクンシ科	カシ（訶子）＊＊局外	果実	止瀉、止血、鎮咳	●	ミロバラン（鉄媒染で黒）	革なめしにも使用
297	ムクゲ	アオイ科	モクキンカ（木槿花）	花、樹皮、果実、根、葉	水虫、下痢止め	×	−	
298	ムベ	アケビ科	ヤモクカ（野木瓜）	根、茎	利尿	×	−	
299	ムラサキ	ムラサキ科	シコン（紫根）＊局	根	毛細血管透過性亢進、急性浮腫抑制、肉が増殖作用、血糖降下作用	●	ムラサキ（紫色）	
300	メギ	メギ科	ショウバク（小檗）	木部	殺菌、苦味健胃、食欲促進	●	メギ（黄色：ベルベリン）	
301	メドハギ	マメ科	ヤカンモン（夜関門）	全草	鎮咳、去痰、急性胃炎	×	−	
302	メハジキ	シソ科	ヤクモソウ（益母草）＊＊局外	花期の地上部	月経不順、めまい、腹痛、産後の出血	●	メハジキ（土針）（緑色）	
303	モッコウ	キク科	モッコウ（木香）	根		×	−	
304	モッコク	ツバキ科	コウヒコウ（厚皮香）	樹皮、葉	痔、食あたり	●	モッコク（茶色〜赤褐色）	
305	モモ（ノモモ）	バラ科	トウニン（桃仁）＊局	種子	月経不順	●	モモ（淡褐色）	但し、樹皮を使用
306	ヤシャブシ	カバノキ科	ヤシャゴバイシ（夜叉五倍子）	実	口内炎	●	ヤシャ・ヤシャブシ（黒色）	
307	ヤツデ	ウコギ科	ハッカクキンバン（八角金盤）	葉	リウマチ（溶用剤）	×	−	
308	ヤブニッケイ	クスノキ科	ケイシ（桂枝）ケイシ（桂子）	樹皮、種子	浴湯料（リウマチ、腰痛、あせも、痛風、打撲	×	−	
309	ヤブニンジン	セリ科	ワコウホン（和藁本）＊＊局外	根茎、根	鎮痛、鎮痙、通経、抗炎症薬	×	−	

NO	植物和名	科	生薬名	使用部位	薬理	染色の可否	染料名	
310	ヤボランジ	ミカン科	ヤボランジ（ヤボランジ葉）	小葉	発汗薬、縮瞳薬の原料	×	－	
311	ヤマザクラ	バラ科	オウヒ（桜皮）**局外	皮類：樹皮	鎮咳、湿疹、じんましん	×	－	
312	ヤマノイモ	ヤマノイモ科	サンヤク（山薬）*局	周皮をのぞいた根茎	滋養強壮	×	－	
313	ヤマハギ	マメ科	ハギ（萩）	周皮を除いた根茎	めまい、のぼせ	●	ヤマハギ（黄色）	但し、葉を使用
314	ヤマブドウ	ブドウ科	シカツ（紫葛）	根	果実、樹皮	×	－	
315	ヤマモモ	ヤマモモ科	ヨウバイヒ（楊梅皮）**局外	皮類：根皮	下痢止め、口内炎	●	モモカワ、ヤマモモ（ヤマムム）（黄色～茶色）	但し、樹皮を使用
316	ユキノシタ	ユキノシタ科	コジソウ（虎耳草）	葉	痔、むくみ、湿疹、かぶれ、腫れ物、中耳炎	×	－	
317	ユソウボク（リグナムバイタ）	ハマビシ科	ユソウボク（癒瘡木）	心材	グアヤクチンキ	×	－	
318	ヨウシュチョウセンアサガオ	ナス科	ダツラ	葉	鎮痛、鎮痙、鎮静薬	×	－	
319	ヨモギ	キク科	ガイヨウ（艾葉）**局外	葉および枝先	止血、腹痛、下痢止め	●	蓬（淡黄色～茶系色）	
320	ヨロイグサ	セリ科	ビャクシ（白芷）*局	根	発汗、鎮痛、解毒、排膿	×	－	
321	リュウガン	ムクロジ科	リュウガンニク（竜眼肉）*局	仮種皮	鎮静、滋養強壮薬	×	－	
322	リンドウ	リンドウ科	リュウタン（竜胆）*局	根茎、根	苦味健胃	×	－	
323	レンギョウ	モクセイ科	レンギョウ（連翹）*局	果実（さく果）	利尿、緩下、高血圧予防	×	－	
324	ロウバイ	ロウバイ科	ロウバイカ（蝋梅花）	花蕾	鎮咳、解熱、火傷	×	－	
325	ロベリア	キキョウ科	ロベリア	全草	呼吸興奮薬製造原料、禁煙補助剤	×	－	
326	ワタ	アオイ科	ワタ（綿）	種子の毛	衛生材料、保温材料、綿実油	×	－	
327	ワレモコウ	バラ科	チユ（地楡）	根茎	止血、火傷、下痢止め	●	ワレモコウ（吾亦紅）（薄赤色）	

わりを、その有用部位から捉え見てみると、例えば、日本薬局方および局外の生薬（208種）のうち、「根類」・「根茎類」が全体の約4割（37.4％）を占めており、生薬の有用部位でも「根・根茎」は多く見られ、染料利用との関連も見受けられる。

　生薬の適用が重複するものの日本薬局方で認知され今日も使用される生薬の数が多いのは、一つの生薬のなかには有効成分だけでなく、類似化合物や生合成前駆物質、代謝産物や多数の副成分が含まれており、主有効成分と相乗的に作用する性質による[63]。そのため、同適用でも効能の強弱や処方の相性があり、これだけの数が薬として認められていると考えられる。一方、染料利用の場合、すでに見てきたとおり、色素成分を可能な限り抽出し、安定的に純粋な色を抽出することを目的としていることからも、色素成分が多く含まれる部位を用いることとなる。とはいえ、生薬として特定の薬効を有する有効成分が、そのまま染料利用に適う有効成分（色素）と一致しているわけではない。たとえば、オウバクとモルヒネの構造中に同じベンジルイソキノリンアルカロイド骨格が存在しているからといっても、全体としての構造は大きく異なっているため、オウバクのそれは黄色色素があり、モルヒネのそれは無色であり色素がないことからも、色素を持つ植物と同じ成分を有する薬用植物が染料利用できるというわけでは必ずしもない[64]。表1でみるかぎりでも、生薬と染料とそれぞれの有用部位が一致するものは多くなく、局方・局外生薬と、染料の有用部位が一致するものでも、アカメガシワ（赤芽柏）、ウコン（鬱金）、ケツメイシ（エビスグサ）、カイカ（槐）、オウレン（黄蓮）、ドモッコウ（オオグルマ）、オウバク（黄檗）、サンシシ（梔子）、ゲンノショウコ（ゲンノショウコ）、オウゴン（コガネバナ）、サフラン（サウラン）、ソヨウ（紫蘇）、ソボク（蘇芳）、ダイオウ（大黄）、チョウジ（丁子）、タイソウ（棗）、オウセイ（黄精）、ニガキ（苦木）、ケイヒ（桂皮）、ビワヨウ（枇杷）、コウカ（紅花）、コウボク（朴）、カシ（ミロバラン）、ヤクモソウ（メハジキ）、ガイヨウ（蓬）の26種であり、これらはいずれも、すでに周知され認知

度の高い植物性染料である点が注目される。

　以上から、視覚的訴求力をもつ色の材料となる染料と、内的身体に影響力をもつ生薬に相関があるものの、どちらが先んじて認知されたかを知る手がかりは得られなかった。しかし、人間にとって有用な自然を秩序立てる上で、すでに有用であると認知されているなにものかを手がかりにしたはずである。生薬として効能のある染料植物の色と同色を呈する染料植物を認知するにあたり、古くは「同類概念」のもと、身体内部に取り込もうとしたとも考えることができる。

外的身体(マクロコスモス)と内的身体(ミクロコスモス)における色／薬効

　祈祷や呪い(まじな)など象徴的な病気治癒に対し、薬を使用することは実利的な方法である。自然界の植物、動物、鉱物などを薬物として使用したものを生薬といい、生薬をそのまま薬として用いたものには、漢方薬と民間薬がある。漢方薬は、中国伝統医学（中医学）を受容し、日本の風土や民族性といった事情に合うように変容した「漢方」のなかで使用されていた薬である。民間療法で用いられる民間薬は、通常単品の経験的伝承によるもので普遍化は不十分とされるのに対し、漢方薬は民間薬と同じく経験的に知られた特殊作用のある自然物を、中国独自の身体観や疾病観によって体系化し、通常複数の生薬を配合し生薬の持つさまざまな薬効を際立たせ、副作用が出にくいようにするのが特徴的である。日本における医学の知識は、飛鳥・白鳳時代から明治8年（A.D.1875年）に、医師資格試験が西洋医学に限られるまでの約1500年間、中医学によって支えられてきた。4世紀頃朝鮮半島から渡来し、それまでの固有の経験医術と併合され、仏教教義にもとづいた医療精神に支配され、隋唐医学を模倣していた。しかし隋唐医学は例えば神仙思想にみる不老長寿薬への憧憬など貴族のための享楽本意に悪用された傾向もある[65]。その後、鎌倉幕府成立に伴い社会体制が貴族社会から武家社会に改革されるにともなって、隋唐医学に代り、宋医学の摂取により医療に新たな展開がみ

られるようになった。室町時代には庶民の活動がさかんになるといった社会背景を反映し、民間の経験医学が盛んになり、体系的医学は衰えを見せたが、明に留学した医家やヨーロッパから伝来したキリシタン医学の流行とともに複雑な様相を呈した。以後、『本草網目』（A.D. 1596年）が刊行されるなど、江戸時代から明治初期までには医学の中心的体系として「漢方」は発展していった。しかし、漢方は武家社会など一部だけのものとされ、一般庶民は先祖から語り継がれてきた身近な植物や動物などの薬効にたより、経験的に伝承されてきた民間薬を使用していた。

　生薬の加工の基本は、乾燥であり、乾燥することで生物自身が持つ酵素反応を妨げ、カビ、虫害、腐敗などを防ぐことができ、保存、運搬が可能な形として発展をみた。生薬は英語で crude drug といい、この drug もドイツ語の Droge も乾いたとか、堅いという意味のアラビア語を語源にしたものとされる[66]。薬効成分の抽出方法としては、乾燥した生薬を、煮出（煎）、蒸す、酒や茶に合わせるなど生薬の性によって変え、症状によって内服、外用（塗布、浴湯料）として用いたりするものである。このように効用がある自然物を体内に取り込む＝薬を飲むことを「服薬」「服用」「内服」というのも、からだに纏う「服」も同起源にある。白川静は、「服」は「したがう、ことにしたがう、おこなう、はたらく、もちいる」の意味に用いられるとし（『常用字解』）、まさに内服は（身体の）内にはたらくことを指し、衣服も（身体の）外見的な象徴性にしたがうと解することができる。身体の内部および外部にもたらす効用のいずれも、中国の自然哲学にみる自然現象と人体の生命現象の相関を大宇宙（マクロコスモス）と小宇宙（ミクロコスモス）の対比とした「天人合一説」から展開した「陰陽説」、さらには、あらゆる現象を五要素の連鎖的相対の質的平衡を論ずる「五行説」を背景とした中医学との関連性を示している。つまり、身体と外部の接触ともいえる大宇宙（マクロコスモス）と身体内部の小宇宙（ミクロコスモス）は同じ構造をもち相互連関しているとする考えは、身体外部に塗布・付着する色と身体内部に浸透・染着する色から、それぞれ無機顔料と染料が該当される。染料をレーキ化した

有機顔料は顔料と染料の間に位置することから、外的身体と内的身体の双方に影響を持つものといえる。ここに化粧料「ベニ」の特異性をみることができよう。本論で主題としている「赤」は、自然から得られる未精製の赤色顔料「丹」を身体装飾とする古代風習を継承するわが国において、特殊な方法で赤色素のみ抽出された赤色染料であるベニバナをレーキ化した有機顔料「ベニ」が現れたことは、「宇宙」と身体の関わりにおいて、外的に自然と連関した身体から、身体機能に作用する「赤」がより実利的に内的身体に取り込まれたことを意味するのである。「ベニ」は厳密には生薬に該当しないが、口唇という身体外部にして最も身体内部に侵入しやすい部位に使用されることから経口薬と同列に扱われていた事例もある[67]。

　化粧料と薬はともに、身体内部へ影響力をもたらす点で近似している。さらに視覚的な影響力も持つ「色」は選別の手がかりとなる。このような視覚的訴求力のある赤系色材（植物性染料）の色と薬理の相関について考察をおこなうため、まず、表１から抽出した生薬利用の染料から得られる色を、色相ごとに分類した（表２）。植物性染料はベニバナやクチナシ（梔子）、ウコン（鬱金）、キハダ（黄蘗）、サフラン、蓼藍など単色性染料を除き、多色性染料は染着を助ける媒染剤によって複数の色相を得ることができるため、図表化において明礬液を基本媒染剤とした色相を基本とし、色相を「赤系」「茶系」「黄系」「紫系」「その他（青・緑）」の五系統に分類した表２における色相は、吉岡幸雄『日本の色辞典』（紫紅社／2000年）で色分類された系統をもとに、先の図表においても参照した山崎青樹『草木染染料植物図鑑』（美術出版社／1989年）の染色実験と対応した。生薬として用いられる植物性染料95種の内、赤系は19種、黄系36種、茶系23種、黒系６種、紫系２種、その他青系・緑系９種となり、黄系が最も多く、次いで茶系と赤系がつづく。われわれが染料として使用する色素成分は、植物にとって生命維持や繁殖に必要な補助成分であり、栄養器官である葉や花卉に多く蓄積しているフラボノールおよびフラボン類は、植物にとって過剰な紫外線を吸収し光害抑制物質と

表2　色相ごとにみる生薬利用の染料

色相	生薬名	染料名	薬理	植物和名	科
赤系	トウヨウサンゴ（桃葉珊瑚）	ヤエヤマアオキ（オレンジ色）	火傷、しもやけ、腫れ物、脚気、浮腫	アオキ	ミズキ科
	セイソウコン（茜草根）	日本茜（赤色）	止血、通経、鎮咳、去痰	アカネ	アカネ科
	アカメガシワ（赤芽柏）＊局	赤芽柏（樺色）	胃潰瘍、十二指腸潰瘍、胃腸疾患、胆石症、あせも	アカメガシワ	トウダイグサ科
	イチイヨウ（一位葉）	イチイ（赤色）	利尿、通経、咳止め、下痢	イチイ	イチイ科
	オウイク（蘡薁）	エビヅル（葡萄（エビ）色）	渇き止、利尿、焦熱痛、腹痛、腫毒	エビヅル	ブドウ科
	カマラ	カマラ（オレンジ色）	条虫駆虫薬	クスノハガシワ	トウダイグサ科
	ダイソウク（大草蔲）	月桃（薄赤色）	芳香性健胃、香辛料	ゲットウ	ショウガ科
	ザクロヒ（石榴皮）セキリュウコンピ（石榴根皮）	石榴（果皮）（赤褐色）	寄生虫駆除、口内炎	ザクロ	ザクロ科
	サフラン＊局	サフラン（オレンジ色）	生理痛、月経不順、風邪	サフラン	アヤメ科
	サンキライ（山帰来）＊局　バッカツ	山帰来（赤橙〜赤茶色）	利尿、腫れ物	サルトリイバラ	ユリ科
	ソボク（蘇木、蘇芳木）＊局	蘇芳（赤色）	打撲捻挫の腫脹、疼痛、産後の止血、染料	スオウ	マメ科
	マンケイシ（蔓荊子）＊＊局外	ハマゴウ（赤系色）	解熱、頭痛、消炎	ハマゴウ	クマツヅラ科
	ビワヨウ（枇杷葉）＊局	枇杷（赤橙色）	鎮咳、下痢止め、湿疹、あせも	ビワ	バラ科
	アナトー	アナトー（赤色、黄色）	食用着色料、染料	ベニノキ	ベニノキ科
	コウカ（紅花）＊局	ベニバナ（紅花）（赤色、黄色）	通経薬（駆瘀血として、腹痛、婦人病、産前産後に用いられる）、染料	ベニバナ	キク科
	ウンコウ（芸香）	ヘンルーダ（ルー）（赤色）	駆風、通経、鎮痙、ヒステリー症	ヘンルウダ	ミカン科
	モクカ（木瓜）	ボケ（薄赤色）	疲労回復、不眠症、入浴剤、冷え性、低血圧症	ボケ	バラ科
	キナ	キナノキ（オレンジ）	抗マラリア薬（キニーネの原料）	ボリビアキナノキ、アカキナノキ	アカネ科
	チユ（地楡）	ワレモコウ（吾亦紅）（薄赤色）	止血、火傷、下痢止め	ワレモコウ	バラ科

色相	生薬名	染料名	薬理	植物和名	科
黄系	モクツウ（木通）＊局	木通（アケビ）（黄色：アルミ媒染）（生壁色：銅媒染）	利尿、通経、消炎、排膿	アケビ	アケビ科
	ウイキョウ（茴香）＊局	ウイキョウ（ストローイエロー、枯葉色）	健胃、去痰、鎮痛	ウイキョウ	セリ科
	ウコン（鬱金）＊局	鬱金（黄色）	芳香性健胃、利胆	ウコン	ショウガ科
	ケツメイシ（決明子）＊局	エビスグサ（黄色）	緩下、整腸、腹部膨満感、利尿	エビスグサ	マメ科
	カイカ（槐花）＊＊局外	エンジュ（槐）（黄色）	毛細血管強化、抗アナフィラキシー作用、アドレナリン代謝	エンジュ	マメ科
	オウレン（黄連）＊局	黄連（黄色）	消炎、苦味健胃、神経不安	オウレン	キンポウゲ科
	ボウイ（防已）＊局	Hem（ツヅラフジ科）（黄色）	神経痛、関節リウマチ、水腫、脚気	オオツヅラフジ	ツヅラフジ科
	ガジュツ（莪朮）＊局	紫ウコン（淡黄色）	消化促進、腸蠕動、制がん作用、芳香性健胃	ガジュツ（ムラサキウコン）	ショウガ科
	カミツレ＊＊局外	ダイヤード・カモミールのみ	鎮静、鎮痙、消炎作用、湿疹、浴湯料	カミツレ	キク科
	オウバク（黄柏）＊局	黄檗、黄膚（黄色）	健胃、整腸、止瀉	キハダ（黄檗）	ミカン科
	カッコン（葛根）＊局	葛（葉）（灰黄色）	鎮痙、漢方処方用薬	クズ	マメ科
	サンシシ（山梔子）＊局	クチナシ（梔子）（黄色〜茶色）	打撲、腰痛、腫れ物	クチナシ	アカネ科
	苦参（クジン）＊局	クララ（淡黄色）	鎮痛、解熱	クララ	マメ科
	オウゴン（黄芩）＊局	コガネバナ（黄褐色）	漢方処方用薬、健胃消化、止瀉整腸	コガネバナ	シソ科
	ゴシュユ（呉茱萸）＊局	呉茱萸（黄色）	健胃	ゴシュユ	ミカン科
	ハクシニン（柏子仁）、ソクハクヨウ（側柏葉）	コノテガシワ（淡黄色〜薄灰紫色）	強壮、止瀉、止血	コノテガシワ	ヒノキ科
	サンシュユ（山茱萸）＊局	サンシュユ（山茱萸）（淡黄色）	疲労回復、強壮	サンシュユ	ミズキ科
	モンケイ（門荊）	スギナ（黄系色〜黄緑色）	利尿、解熱、鎮咳	スギナ	トクサ科
	ホコウエイ（蒲公英）	セイヨウタンポポ（黄系色〜黄緑色）	解熱、健胃、利尿、強壮、催乳	セイヨウタンポポ	キク科
	クレンピ（苦楝皮）クレンシ（苦楝子）	センダン（シンダン、シンダンギー）（黄及び茶色）	回虫・条虫駆除、しもやけ、ひび	センダン	センダン科
	ダイオウ（大黄）＊局	大黄（黄色）	緩下、消炎、健胃整腸薬	ダイオウ	タデ科

110

第二章　赤の範疇　111

色相	生薬名	染料名	薬理	植物和名	科
黄系	ジュウヤク（十薬）＊局	ドクダミ（淡黄色～茶褐色）	利尿、緩下、消炎	ドクダミ	ドクダミ科
	オウセイ（黄精）＊局	黄精（黄色）	病後回復、糖尿病、精力減衰、動脈硬化症、血糖過多	ナルコユリ（ノスズラン）	ユリ科
	ナンテンジツ（南天実）＊＊局外	南天（痰黄色）	消炎、鎮咳、喘息、百日咳	ナンテン	メギ科
	ニガキ（苦木）＊局	苦木（黄色）	苦味健胃	ニガキ	ニガキ科
	ジョテイ（女貞）ジョテイシ（女貞子）	ネズミモチ（黄色～茶系色）	強壮、強精	ネズミモチ	モクセイ科
	バクチヨウ（博打葉）	バクチノキ（黄色）	あせも（外用）	バクチノキ	バラ科
	レンニク（蓮肉）＊局	蓮（黄色～淡褐色）	鎮静剤、強壮薬、婦人病薬	ハス	スイレン科
	ボウコウナン（望江南）	エビスグサ（ハブソウ）（黄色）	緩下、健胃	ハブソウ	マメ科
	キンシトウ（金絲桃）	ビヨウヤナギ（黄色、赤紫色）	止血、鎮痛、利尿、催乳	ビヨウヤナギ	オトギリソウ科
	ホウトウサイ（蜂斗菜）フキノトウ（蕗の薹）	フキ（黄色～薄緑色）	鎮咳、去痰、健胃	フキ	キク科
	トウリュウ（藤瘤）	フジ（芥子色～薄緑灰色）	消炎、緩下	フジ	マメ科
	キョウニン（杏仁）＊局	アンズ（淡黄色～茶系色）	鎮咳、食用	ホンアンズ	バラ科
	ショウバク（小檗）	メギ（黄色：ベルベリン）	殺菌、苦味健胃、食欲促進	メギ	メギ科
	ハギ（萩）	ヤマハギ（黄色）	めまい、のぼせ	ヤマハギ	マメ科
	ガイヨウ（艾葉）＊＊局外	蓬（淡黄色～茶系色）	止血、腹痛、下痢止め	ヨモギ	キク科
黒系	ゴカヒ（五加皮）ゴカヨウ（五加葉）	五加（ウコギ）（黒色）	滋養強壮、鎮痛、腰痛、疲労回復、冷え症	ウコギ	ウコギ科
	コトウセイヒ（胡桃青皮）コトウニン（胡桃仁）	クルミ（黒系）	脛部リンパ腺炎、毒虫の刺傷	テウチグルミ（カシグルミ）	クルミ
	ゴバイシ（五倍子）	五倍子、没食子（黒色）	口内の腫れ物、歯痛、扁桃炎	ヌルデ（寄生虫：ヌルデシロアブラムシによる）虫瘤	ウルシ科（寄生虫はアブラムシ科）
	ビンロウジ（檳榔子）	檳榔子（黒褐色）		ビンロウヤシ	ヤシ科
	カシ（訶子）＊＊局外	ミロバラン（鉄媒染で黒）	止瀉、止血、鎮咳	ミロバラン	シクンシ科
	ヤシャゴバイシ（夜叉五倍子）	ヤシャ・ヤシャブシ（黒色）	口内炎	ヤシャブシ	カバノキ科

色相	生薬名	染料名	薬理	植物和名	科
茶系	コジョウ（虎杖）、コジョウコン（虎杖根）	イタドリ（黄茶色～鶯色）	緩下、じんましん、月経不順、夜尿症、気管支炎	イタドリ	タデ科
	チョウトウコウ（釣藤鈎）＊局	カテキュー、阿仙（茶系色）	鎮痙、鎮痛、血圧降下、収れん、引きつけ	カギカズラ	アカネ科
	レンセンソウ（連銭草）	カキドオシ（黄茶色、鼠色、こげ茶色）	糖尿病、小児の疳、消炎、湿疹、入湯料	カキドオシ	シソ科
	ボクソク（樸樕）＊局 ドコッピ（土骨皮）	橡（茶褐色）	解毒、抗炎作用	クヌギ、コナラ、ミズナラ、アベマキ	ブナ科
	クヘントウ（苦扁桃）	アーモンド（茶系色～黒褐色）	去痰	クヘントウ	バラ科
	リツモウキュウ（栗毛毬）、リツヨウ（栗葉）	樹皮、葉、毬（黄茶色）樹幹、果皮（赤みの薄茶）	火傷、うるしかぶれ	クリ	ブナ科
	ゲンノショウコ＊局	ゲンノショウコ（淡黄色～濃灰色）	下痢止め、便秘、整腸	ゲンノショウコ	フウロソウ科
	シンイ（辛夷）＊局	コブシ（辛夷）	鼻炎、蓄膿症	コブシ	モクレン科
	ソウキョウ（皂莢）	サイカチ（茶色）	抗菌、去痰、洗剤、代用石鹸	サイカチ	マメ科
	チャ（茶葉）	茶	風邪予防（うがい）、下痢止め	チャ（チャノキ）	ツバキ科
	チョウジ（丁子、丁香）＊局	丁子 ※「香色」の染料	健胃、鎮嘔、芳香性健胃	チョウジ	フトモモ科
	ラクセキ（絡石）	定家葛（テイカカズラ）	解熱	テイカカズラ	キョウチクトウ科
	タイソウ（大棗）＊局	棗（茶系色）	滋養強壮	ナツメ	クロウメモドキ科
	ケイヒ（桂皮）＊局	ケイヒ（香染め）（肉桂色）	芳香性健胃、矯味、発汗解熱、漢方処方用薬	ニッケイ（シナモン）	クスノキ科
	ゴウカンヒ（合歓皮）	ネムノキ（褐色）	強壮、鎮痛、利尿	ネムノキ	マメ科
	エイジツ（営実）＊局	ノイバラ（野茨）（黄茶色～銀鼠色）	利尿、緩下、おでき、にきび、腫れ物	ノイバラ	バラ科
	バンセキリュウ（蕃石榴）	グアバ（芥子～茶系色、灰色）	健康茶、生食（ビタミンC）	バンジロウ	フトモモ科
	フヨウ（芙蓉）	フヨウ	婦人病、目薬、皮膚のかゆみ	フヨウ	アオイ科
	コウボク（厚朴）＊局	朴葉（褐色）	漢方処方薬	ホオノキ	モクレン科
	ソウハクヒ（桑白皮）＊局　ソウヨウ（桑葉）	クワ（桑染め）（茶褐色）	消炎、利尿、解熱、鎮咳	マグワ（ヤマグワ）	クワ科

色相	生薬名	染料名	薬理	植物和名	科
茶系	コウヒコウ（厚皮香）	モッコク（茶色〜赤褐色）	痔、食あたり	モッコク	ツバキ科
	トウニン（桃仁）＊局	モモ（淡褐色）	月経不順	モモ（ノモモ）	バラ科
	ヨウバイヒ（楊梅皮）＊＊局外	モモカワ、ヤマモモ（ヤマムム）（黄色〜茶色）	下痢止め、口内炎	ヤマモモ	ヤマモモ科
紫系	トウキ（当帰）＊局	当帰（トウキ）（紫色）	月経不順、生理痛	トウキ	セリ科
	シコン（紫根）＊局	ムラサキ（紫色）	毛細血管透過性亢進、急性浮腫抑制、肉が増殖作用、血糖降下作用	ムラサキ	ムラサキ科
青系	ランヨウ（藍葉） ランジツ（藍実）	藍（青色）	解熱、解毒、消炎、止血、自室、扁桃腺炎、喉頭炎、虫刺され	アイ	タデ科
	シンピ（秦皮）	アオダモ（青色）	下痢止め、消炎、解熱、痛風、洗顔	アオダモ（コバノトネリコ、アオタゴ）	モクセイ科
	ドモッコウ（土木香）	オオグルマ（青色）（媒染剤・木灰）	発汗、利尿、去痰、駆虫	オオグルマ	キク科
	シュウゴトウ（臭悟桐）、シュウゴトウコン（臭悟桐根）	クサギ（実）（青色）	痔、腫れ物	クサギ	クマツヅラ科
	ソヨウ（蘇葉、紫蘇葉）＊局、シソシ（紫蘇子）＊＊局外	紫蘇（薄青色）	風邪、魚肉中毒	シソ	シソ科
緑系	ジャホトウ（蛇葡萄）ジャホトウコン（蛇葡萄根）	ノブドウ（白緑色銅媒染）	関節痛、目の充血	ノブドウ	ブドウ科
	ハンロウ（繁縷）	ハコベ塩（緑色）	利尿、浄血、催乳	ハコベ	ナデシコ科
	ランソウ（蘭草）	フジバカマ（緑灰色）	かゆみ（浴湯料）	フジバカマ	キク科
	ヤクモソウ（益母草）＊局外	メハジキ（土針）（緑色）	月経不順、めまい、腹痛、産後の出血	メハジキ	シソ科

なる。また、タンニンやその近縁物質は葉、茎、根など植物のいたるところにみられ、防虫物質となる。このように、フラボノールやタンニンはほとんどの植物にあるため、その色素から抽出される色として黄系・茶系が多くなるのが理由である。赤系については、『広辞苑』によると、赤を一般的に緋色・紅色・朱色・茶色などの総称しており茶色も赤のひとつに含まれているが、本図表は色素成分と生薬成分の相関について示唆するのを目的としているため、茶系は基本的に色素及び生薬の成分にタンニンを含むものと、一部フラボノイドから抽出される茶色を茶系のカテゴリーに分類した。また、『守貞謾稿』に「茶は黄赤あり、赤黒あり、黄黒あり。煎茶色も云ふなり」と記され、わが国の社会及び文化において茶色は江戸時代「四十八茶百鼠」といわれる程広範であることも考慮すべきであろう。

　さて、赤系の色剤（〈　〉内は生薬名（カタカナ表記のみ））は、ヤエヤマアオキ〈トウヨウサンゴ〉、赤芽柏〈アカメガシワ〉、日本茜〈セイソウコン〉、イチイ〈イチイヨウ〉、カマラ〈カマラ〉、月桃〈ダイソウク〉、サフラン〈サフラン〉、山帰来〈サンキライ〉、蘇芳〈ソボク〉、ハマゴウ〈マンケイシ〉、枇杷〈ビワヨウ〉、アナトー〈アナトー〉、ベニバナ（紅花）〈コウカ〉、ヘンルーダ〈ウンコウ〉、ボケ〈モクカ〉、キナノキ〈キナ〉、ワレモコウ〈チユ〉が相当した。黄系色材には、鬱金〈ウコン〉、槐〈エンジュ〉、黄蓮〈オウレン〉、黄檗〈オウバク〉、梔子〈サンシシ〉、スギナ〈モンケイ〉、センダン〈クレンピ〉、大黄〈ダイオウ〉、苦木〈ニガキ〉、ハブソウ〈ボウコウナン〉、メギ〈ショウバク〉といった鮮明な黄色の他、アルミ（明礬）媒染したエビスグサ〈ケツメイシ〉、イタドリ〈コジョウ、コジョウコン〉、ウイキョウ〈ウイキョウ〉、ネズミモチ〈ジョテイ〉、バクチノキ〈バクチョウ〉、蓮〈レンニク〉、グアバ〈バンセキリュウ〉、ビヨウヤナギ〈キンシトウ〉、フキ〈ホウトウサイ〉、など、淡黄色から黄茶色まで幅広い黄系色を当てた。茶系・黒系にはビンロウジ〈ビンロウジ〉、ゲンノショウコ〈ゲンノショウコ〉のほか、五倍子〈ゴバイシ〉、ミロバラン〈カシ〉といった皮な

めしにも使われるタンニンを多く含む染料が、そのほか、フラボノイドを含むクワ〈ソウハクシ〉などを該当させた。

　次に、それぞれの生薬の薬理を、前掲書『新訂生薬学』を参照し、１．循環器系（止血、駆瘀血、発汗、強心、毛細血管強化）２．呼吸器系（鎮咳、去痰、喉頭炎、扁桃炎、気管支炎）３．消化器系（健胃、整腸、利胆、緩下、止瀉、駆虫）４．泌尿器科（利尿、痔、夜尿症）５．婦人科系（通経、生理痛、月経不順、催乳）６．外皮系および内分泌系（腫れ物、浮腫、かゆみ、湿疹、じんましん、あせもなど）７．神経系（神経痛、頭痛、鎮静、鎮痛、鎮痙、消炎など）８．その他（虫刺され、解毒、解熱、打撲、火傷など）（疲労回復、強壮、強精など）（浴湯料、うがい料、湿布、漢方処方用薬など）といった８つの器官系ごとに区分し、植物性染料の色相（赤系、黄系、黒・茶系、紫系、青・緑系）と対応した（表３）。なお、生薬の薬理は、現代の化学合成薬のように限定的ではなく、一つに複数の薬理が混在しているため、先の分類においても、一つの生薬が異なる器官区分にまたがり、表中で重複記載されている。その結果、生薬である植物性染料95種は、８つの器官系区において延べ164種相当し、赤系染料延べ25種は、１．循環器系8.0％（ワレモコウ、日本茜の２種）、２．呼吸器系8.0％（日本茜、枇杷の２種）、３．消化器系16.0％（赤芽柏、カマラ、月桃、石榴の４種）４．泌尿器系12.0％（イチイ、エビヅル、山帰来の３種）、５．婦人科系24.0％（日本茜、イチイ、サフラン、蘇芳、ベニバナ、ヘンルーダの６種）、６．外皮系および内分泌系8.0％（ヤエヤマアオキ、枇杷の２種）、７．神経系8.0％（蘇芳、ヘンルーダの２種）、８．その他16.0％（ヤエヤマアオキ、ハマゴウ、ワレモコウ、ボケの３種）と、赤系植物染料のうち、特に婦人科系の薬理が顕著であることがうかがえる。一方、婦人科系に薬理のある生薬利用の染料16種のうち、赤系染料は37.5％、黄系25.0％、黒・茶系18.7％、紫系6.2％、青・緑系12.5％が相当し、生薬利用の染料においても赤系が目立っている。これは、化粧料や腰巻にみる「赤」について、女性が単なる嗜好色として用いるのではなく、赤系植物染料と同じ植物由来の生薬の多くが、婦人科系の症例

表3　色相および薬理の対応関係にみる生薬利用の染料名

器官系 \ 区分別の薬理		色相 赤系	黄系	黒系・茶系	紫系	青系・緑系
循環器系	止血、駆瘀血、発汗、強心、毛細血管強化	ワレモコウ	槐、ビヨウヤナギ、蓬	ミロバラン、カテキュー	ムラサキ	藍、オオグルマ、ハコベ
呼吸器系	鎮咳、去痰、喉頭炎、扁桃炎、気管支炎	日本茜、枇杷	ウイキョウ、スギナ、南天、フキ、アンズ	五倍子、ミロバラン、イタドリ、サイカチ、クワ		藍、オオグルマ
消化器系	健胃、整腸、利胆、緩下、止瀉、駆虫	赤芽柏、カマラ、月桃、石榴	ウイキョウ、鬱金、エビスグサ、黄蓮、紫ウコン、黄檗、コガネバナ、呉茱萸、コノテガシワ、セイヨウタンポポ、センダン、大黄、ドクダミ、苦木、ハブソウ、フキ、フジ、メギ、蓬	ミロバラン、イタドリ、ゲンノショウコ、丁子、ケイヒ、ノイバラ、モッコク、ヤマモモ		アオダモ、オオグル
泌尿器系	利尿、痔、夜尿症	イチイ、エビヅル、山帰来	アケビ、エビスグサ、スギナ、セイヨウタンポポ、ドクダミ、ビヨウヤナギ	イタドリ、ネムノキ、ネムノキ、ノイバラ、クワ、モッコク		クサギ、ハコベ
婦人科系	通経、駆瘀血、生理痛、月経不順、催乳	日本茜、イチイ、サフラン、蘇芳、ベニバナ、ヘンルーダ	アケビ、セイヨウタンポポ、蓮、ビヨウヤナギ	イタドリ、フヨウ、モモ	当帰	ハコベ、メハジキ
外皮系／内分泌系	はれもの、浮腫、かゆみ、じんましん、あせも	ヤエヤマアオキ、枇杷	センダン、バクチノキ	イタドリ、カキドオシ、ノイバラ、フヨウ	ムラサキ	クサギ、フジバカマ

神経系	神経痛、頭痛、鎮静、鎮痛、鎮痙、消炎	蘇芳、ヘンルーダ	アケビ、黄蓮、Hem、カモミール、葛、クララ、ドクダミ、南天、蓮、ビヨウヤナギ、フジ、ヤマハギ	五加、クルミ、カテキュー、カキドオシ、ネムノキ、クワ		藍、アオダモ、ノブドウ、メハジキ
その他	虫刺され、解毒、解熱、打撲、火傷、腰痛、歯痛、口内炎、目の充血	ヤエヤマアオキ、ハマゴウ、ワレモコウ	梔子、スギナ、セイヨウタンポポ	クルミ、五倍子、ヤシャブシ、橡、クリ、コブシ、サイカチ、定家葛、ケイヒ、クワ、ヤマモモ		藍、アオダモ、紫蘇、ノブドウ
	疲労回復、強壮、強精、冷え性、不眠症	ボケ	コノテガシワ、山茱萸、セイヨウタンポポ、黄精、ネズミモチ、蓮	五加、棗		紫蘇
	浴湯料、うがい料、漢方処方用薬			カキドオシ、茶、ケイヒ、グアバ、朴葉		アオダモ、フジバカマ

に薬効があることもまた、赤を女性と密接な関わりにある色とみなしたことを示している。身体を温め通経や生理不順の対処療法とすることは一般にも広く知られているが、赤い腰巻は、布をまとうことで実際に身体を温める効果の上、婦人科系の薬理をもつ生薬を代表する赤い色によりさらに強化されるといった、色の象徴性が実利面と相乗し有効にはたらくことを期待した、一つの現れともみることもできる。

　一方、黄系染料は、3．消化器系31.6％（鬱金、黄檗、大黄、苦木、メギのほか19種）と7．神経系の20.0％（アケビ、黄蓮、クララ、ドクダミなど12種）が突出している。鬱金や黄檗やメギは成分にベルベリンを多く含んでいる。ベルベリンは黄色色素の主成分であるとともに、健胃の効能を発揮する成分で

あることから、ベルベリン色素の鮮やかな黄色を手がかりに、同じ効能を持つ薬用植物を直感的に発見しえた好例とみることができる。そのほか、わが国の森林に多くみられるクルミ、五倍子、ヤシャブシ、橡、クリ、クリ、ヤマモモといった植物から抽出される黒系・茶系染料は、虫刺され、解毒、解熱、打撲、火傷といった民間療法でも応急処置的な薬理が目立った。これは植物にとっての防虫物質であるタンニンの特性が、動物である人間にとっても傷んだ部分の炎症を鎮め、修復に有効であることを示すものである。

なお、生薬利用できる植物性染料を色相的にみると、黄系、赤系、茶系といったいわゆる暖色系が多くを占め、青や紫、緑といったいわゆる寒色系は全体の16.4％と少ないのがわかる。

同色生薬——呪術的起源と経験的起源——

現代のように体系的医学が一般に浸透していない時代において、植物の味、形状のほか採取された色も、生薬として見極める際、重要な要素を占めている。植物性染料の色調は全体的に sf（柔らかい）・d（鈍い）・ltg（明るい灰み）[68]に位置しているため、いわゆる蛍光色に近いような冴えた色はキハダやサフラン、ベニバナといった単色性染料を除いて多く見られない。「内服」を目的とした生薬に対応する色は、鮮明色よりも落ち着いた柔らかめ・鈍めの暖色のものに実利性があると捉えたのであろう。この落ち着いた柔らかめで鈍めの深みのある色は、植物性染料中に含まれる多様な成分が一緒に出てくる色の「複雑性」を、われわれの身体的特徴である「（大部分が瞳の周囲（虹彩）が）黒茶色であり、（中略）すべての色がだいたいそのままの状態で認識される」眼を通して、「なごやかな、落ち着いた、そして深みのある感じの美しさである渋い」[69]色を区別し、嗜好したといわれている。しかし、このように生薬と同材から得られる色への嗜好は、一方では薬効という実利性が背景としてあったということも大きいと考えられるのである。いずれにせよ、薬効のある植物性染料から得られる色と同糸色の染料にも同様の薬効が

得られると考え、さらに、生薬固有の色と同色もしくは近似の色の部位に、効能があると考え使用されるようになった「同色生薬」の発想は、現代の先端的な医療と比べ素朴なものであるが、しかし、色というものが呪術的起源の薬のみならず、経験的起源の薬においても重要な鍵となったことをうかがい知ることができるのである。

　薬効をもつベニバナより得られる化粧料ベニによって、わざわざ女性の唇を飾るのも、呪術的起源による赤い色を外的身体に粧う視覚刺激のみならず、経験的起源より婦人病に効能を発揮するベニバナを内的身体に取りこもうとする行為の一つであった。それは親指から四番目の指である「薬指」を別名「ベニサシユビ」ということにも、化粧料ベニがいかに薬と密接な関係にあるかが表れている。

第三節　まとめ

　視覚的訴求力のある赤は、自然現象に「美的」に立ち顕われる太陽や火を連想させ、同時に生命に関わる血や光、熱を想起させる色として認識されたであろうことは、現在まで民族を問わず最初に認識される色であることから明らかである。日本における民間信仰の場においても、白とともに中心的な役割を果たす赤は、日常から逸脱した「ハレ」を象徴し、悪霊を追い払う力を持つ色として用いられているが、日本人の鋭敏な具象的認識力は、赤を一括せず、色材によって細分化された「赤の範疇」を形成し、人間生活の様々な場面で用いられる赤も、用途や目的、対象によって微細に分かれているのが特徴的である。わが国における社会および文化と密接な関係にある赤を、その用途および目的から１．薬料（生薬）、２．天然染料、３．化粧料の三項目を立て、それぞれ相関する領域にあてはめることで整理した（図7）。

　色材ベニバナはそもそも自生植物ではなく様々な文化や技術とともに渡来してきた植物である。そのベニバナから得られる「クレナイ」は、中央集権

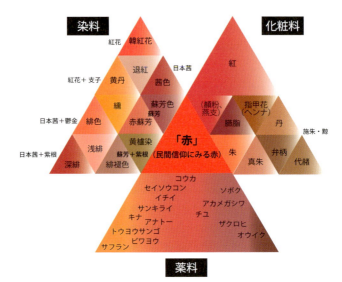

図7　「赤の範疇」——人間生活における「赤」の相関構造

国家という当時の社会的背景において必要とされた色であった。社会秩序を維持するための諸条件に規定されつつ形成されるさまざまな社会集団の成員に共有される意識を、視覚的効果のある「色」に託し用いられた。「禁色」の概念も、支配—被支配の力関係を「色」で表し、見えているが使ってはならないというタブーの概念を形成したためである。わが国の赤は、丹から選り分けられた朱を支配側の色として特別視しヒエラルヒーの頂点に位置付けた。渡来社会や文化を象徴する「クレナイ」も支配側に属し、朱に付与された象徴性をさらに純化させることとなった。同じくベニバナを原料とした「ベニ」は、そもそも化粧料「臙脂」として渡来してきたが、渡来以前に呪術的起源の身体保護である「施朱」や丹による身体装飾の風俗が基盤となり、身体を保護するいわゆる魔除として、さらに進化し薬として受容された。化粧もまた社会集団の成員としてある役を演じる補助的行為を果たし、他者との相互認識・依存のもと社会意識を育む上で不可欠なものである。一

方では、本能的生命力と直結した「赤」は「同類概念」として身体内部に取り込まれるようになり、社会性以前に生物的存在である人間の自己生存本能を充足させる役割も果たす。よって化粧料は、社会的存在でもあり生物的存在でもあるヒトを人間とする「色」のひとつともいえよう。いずれにせよ、色材ベニバナから得られる二つの「赤」は、社会的存在である人間が「トップダウン」的もしくは「ボトムアップ」的に社会意識を形成する方向性の差異とも受け取れる。

　前章で「恐るべき精密さ」による「赤の範疇」とは、色材の物的特性からその出自である自然について、色と色名を通し具象的認識の過程で形成されたものとした。しかし、本章では、ベニバナという一つの色材の「クレナイ」と「ベニ」という二つの色名を起点に、色が求められた社会的背景—目的や用途、使用対象者の限定—が生み出した二つの赤であったことを示した。さらに、丹から選鉱・分離した朱に付与された象徴性を継承する色名「クレナイ」と、混沌とした自然の両義性をもつ丹の呪術的起源を継承する色名「ベニ」は「赤の範疇」においてもその位相を違えている。このような「クレナイ」と「ベニ」を包括するわが国における赤—「赤の範疇」—は、平面的に並列したものではなく、ヒエラルヒーの上層においてイデオロギー的象徴性を付与された「朱の系譜」と、ヒエラルヒーに関わらず人間の本能的生命力を象徴する「丹の系譜」といった二層構造を形成していることが示される（図8）。田中義久は、「自然」[70]について、ギリシャにおける生命の流動性を表す「プュシス」に相当する本来的自然と、法や制度といった人為的社会を表す「ノモス」との水平的な連関に対し、キリスト教下における三位一体のイデオロギーによって自然は「罪深く、無意味な「闇」として、「垂直的」な連関の最底辺に位置付けられていた」と示しているが、前章で最古層の赤として定義付けた「丹」は、まさしく「プュシス」―「ノモス」の連結部に位置付けられ、その後いわゆる主従関係といった社会的ヘゲモニーにおいて丹は分離することとなった。このような社会的ヘゲモニーがもた

らした垂直的な構造において丹は最古層から最底辺に位置付けられていくのである。自然と人間（および社会）の連関が、水平的構造から垂直的構造へと移行する過渡期は、わが国の社会史的視座において古代中央集権国家が設立した時期にあたり、それは文化史的視座では渡来系文化がさかんに流入した時期と重なっている。特に、ベニバナによる「クレナイ」が赤の範疇で重要な位置取りをするのは、この垂直的構造においてであることは本章で述べた。一方、最古層の赤である丹は、垂直的構造において最底辺となったが、根本的意義は変化することなく最底辺を流れる伏流水として、わが国の社会および文化の重要な基底を形成した。そして、われわれの遺伝子が記憶する赤の呪力とベニバナの薬効が合体することで生まれた「ベニ」は、日本の社会文化史の基底が突出した瞬間であったといえよう。これら「クレナイ」と「ベニ」は、「人間的自然」[71]を基盤にした人間の営みにおける集団的想念のダイナミズムを形成する社会的ヘゲモニーとアニミズムを濃厚に反映したものといえる。それぞれの目的に適合する赤はより微細に社会的意義を有する

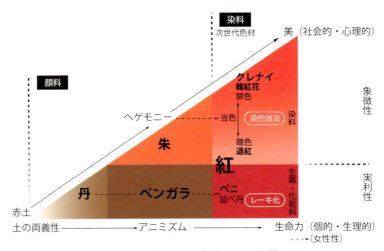

図8　紅（アカ）：二つの色名にみる人間の欲望

「赤の範疇」を形成することが明らかになったのである。

注記

1）クリフォード・ギアツ『ヌガラ』みすず書房／1998年、147頁にみる劇場国家、演劇性についての考察は、象徴性が社会構造を構築する点において示唆に富むものである。
2）谷田閲次・小池三枝共著『日本服飾史』光生館／1989年、20頁
3）古代中国の文化・哲学の根幹をなす思想。万物組成の元素であるとする五つの元気―木・火・土・金・水―の輪廻・作用を指す「五行」は、色彩・方位・季節・惑星・天神・人間精神・徳目・内臓・十干・干支等宇宙の万象が、この五気に還元され、あるいは配当されるものである。色彩は青・赤・黄・白・玄（＝黒）が木・火・土・金・水それぞれに配当されている。
4）谷田・小池『日本服飾史』、47頁
5）服飾史では赤白橡を指す固有色名である。
6）位階によって冠および袍衣の色の規定があり、位階の上位の位色の使用を禁じられた。位階より下位の位色は使用できる。天皇以下公卿以上所用の袍の黄櫨染（こうろぜん）、麹塵（きくじん）・赤色・黄丹色・深紫色など。
7）「許色」と記す場合もある。
8）大岡信「古典詩歌の色」『日本の色』朝日新聞社／1980年、69頁
9）本論文においては、ベニ、クレナイと断りがない限り、紅花から抽出された色を「紅（アカ）」とよむことにした。
10）布帛に糊や蝋などを伏せたり、布帛の一部を糸で括る・板で挟むなどすることで、意図的に染色されないよう加工することを「防染」という。染色法をあらわす三纈（纐纈、夾纈、﨟纈）もそれにあたる。
11）丸山伸彦による、平安後期の装飾様式であった「襲色目」における色彩への美意識を中心とする有職文様の抽象性が、小袖文様にみられるより具体的な模様形象―文様―において継承・変容したとする興味深い考察がある。丸山伸彦「衣服における「花」―色から形へ」中西進・辻惟雄編著『花の変奏―花と日本文化―』ぺりかん社／1997年、174頁
12）山辺知行編『日本の美術 染』至文堂／1966年、22頁
13）萼・花冠・雄蕊・雌蕊などいくつかの器官が集合したものを指し、その構造は単一ではない。

14）不耐寒性の植物である為、寒さの厳しい寒冷地で栽培される「最上紅花」や「仙台紅花」は春に種を撒きその年の夏に収穫する一年生草木、比較的温暖地で栽培される「武州臙脂」は秋に種を撒き翌年の6月に収穫をする二年生草木にあたり、産地や植え付けによって収穫時期が異なる。
15）2002年7月6日から二週間開催された「世界と山形のベニバナ展」（於：山形市霞城公園東大手門櫓）において、山形県農業試験場が保存し市民が栽培した日本産（＝最上産／有棘・無棘・花が白色）、ギリシャ産、イスラエル産、中国（トルファンも含む）、ブラジル産、アメリカ産の6ヵ国9種のベニバナを一堂に見る機会を得た。
16）田中孝治『都薬雑誌』vol. 18 No. 6「ベニバナ」／1996年、34頁
17）真壁仁は、ドウ・カンドルの『栽培植物の起源』「この種はインドでも、アフリカでも野生では見出されなかった。しかしその栽培は、この二つの国では数千年以来存在していたから、私はその中間にある地帯にその原産地を求めることを思いついた。この方法は他の場合に私を成功させたものである」を引用している。 真壁仁『紅花幻想』山形新聞社／1981年、23頁
18）『金匱要畧』「方第二十二婦人雑病篇」
19）本草学におけるベニバナが「薬物」としては、宋代（973年）に記された『開宝本草』に「紅藍花」の名で初めて記載されたといわれている。
20）『生薬の玉手箱』／1993年8月号（http://uchidawakanyaku.co.jp 2003年8月閲覧）
21）日原もとこの調査事例（プロジェクト調査研究「紅花の源流を辿る」東北文化研究センター・フィルム・アーカイヴ）より参照した。
22）王至堂「秦漢時期匈奴族提取植物色素技術考略」『自然科学史研究』第12巻第4期／1993年
23）班固『漢書』の撰者の記した『大平御覧』によると、「匈奴は妻を閼氏という。愛すべきこと燕支のごときをいう」とある。
24）水野瑞夫共著「ベニバナ（キク科）」『明解家庭の民間薬・漢方薬　薬用植物利用のすべて』新日本法規出版／1983年、489頁
25）後魏賈思　撰／西山武一・熊代幸雄訳『校訂訳註斉民要術』アジア経済出版会／1976年、239頁
26）後魏賈思　撰／西山・熊代訳『校訂訳註斉民要術』、340頁
27）白井光太郎『植物渡来考』岡書院／1929年、41頁
28）新聞記事「藤ノ木古墳　石棺内にベニバナ花粉」より。東京新聞1989年9月10日

付

29) 「阿為の山、品太の天皇の世、紅草この山に生ひき。故、阿為の山と號く」武田祐吉編『風土記』岩波書店／1937年、191頁

30) 塚口義信「『播磨国風土記』の成立」櫃本誠一編『風土記の考古学2 播磨国風土記の巻』同成社／1994年、13頁

31) 青木和夫・稲岡耕二・笹山晴生・白藤禮幸校註新日本古典文学大系12『続日本紀』一 岩波書店／1989年

32) 新羅の北辺、蔚珍郡波旦

33) 「記紀」や『古語拾遺』における雄略天皇の条に登場し、『新撰姓氏録』では諸蕃（＝渡来および帰化系氏族）のうち約3分の1の多数を占める。

34) 穴織宮伊居神社（大阪府池田市）栞より抜粋。

35) 白井光太郎『植物渡来考』岡書院／1929年、41頁

36) 赤色素カルタミンはアルカリ溶液で溶出し、酸で中和・発色させる。日光堅牢度は弱いが非水溶性のため雨等で赤色素が流出するとは考えにくい。

37) 生谷吉男『京黒染』京都黒染工業協同組合／1988年、21頁　特に京都の水質は硬度が低く、鉄分が少ないため染色に好適であり、四方を山に囲まれた盆地により水量も豊富であるなど、その風土が京都の染色を発展させたといわれている。

38) 阿知使主の別名

39) 『日本書紀』に記される「任那日本府」つまり日本が朝鮮南東部任那を植民地化するなど朝鮮出兵していたとする意見に対して「騎馬民族説」を説いた江上波夫は朝鮮の一部族が日本に征服王朝をたてたとし論争となった。最近では埼玉県稲荷山古墳の鉄剣銘が発見されたのを機に日本古代国家成立期を雄略朝前後としている。世界歴史大事典「渡来人」を典拠とした。

40) 上田正昭「神楽の命脈」芸能史研究会編『日本の古典芸能　第一巻』平凡社／1969年、23頁

41) 上田正昭は、「神楽の命脈」芸能史研究会編『日本の古典芸能　第一巻』平凡社／1969年、24頁で、「みしまゆふ（※三島木綿）　かたにとりかけ　我から神のからをぎせんや　からをぎせんや　やひらで（※八手のことか）を　手にとりもちてわれから神の　からをぎせんや　からをぎせんや」にみられる「韓招き」は「韓風（からぶり）のお招きをしよう」と解釈するのがよいとするが、「枯荻（枯れた荻）」を採物とし掛詞とした説（『広辞苑』）もある。

42) 草木染研究所山崎和樹と染織研究家中島洋一が、2013〜2014年に延喜式の色を再現する共同研究を行い、正倉院尺（29.7cm／尺）に換算し、さらに、実際に練り糸

（経80d、緯120d）で同長・同巾の綾を製織、重量640gに対し、練り減り率を20％とし、当時の綾一疋を800gとした。山崎氏への聞きとりによる。

43）染色作家山岸幸一は、紅花染を一点完成させるのに、一年目に染めた糸を一年間寝かし、翌年染色しさらに翌々年と３年掛かりで重ね染めることで紅色に深みを与えるという。

44）木村光佑他「日本と韓国における視覚意匠の比較研究」平成９年度環日本海交流促進助成研究報告　環日本海アカデミック・フォーラム助成研究／1997年、14頁

45）木村光佑他「日本と韓国における視覚意匠の比較研究」平成９年度環日本海交流促進助成研究報告　環日本海アカデミック・フォーラム助成研究／1997年、13頁

46）武井邦彦『日本色彩辞典』笠間書院／1973年、62頁、124頁

47）吉岡幸雄『日本の色辞典』紫紅社／2000年、38頁

48）結城嘉美「植物としての紅花」『羽陽文化』（第十八號紅花特輯號）　山形縣文化財保護協會／1953年、７頁

49）色材は植物性染料（ベニバナ・セイヨウアカネ）、動物性染料（ラックカイガラムシ・コチニール）と限定せずあくまでも「紫みがかった赤」全般を指す色名。江戸時代中国から日本に輸入されたコチニール（Coccus cacti）は「紫鉱」と称され、それまでの植物性染料にはない濃く鮮明な赤を得られることで、エンジ色の代表的色材はコチニールとなり現在に至る。

50）司馬遷（生没年不明）『史記・燕世家』（B.C.90年頃？）には「周の武王が殷の紂王を滅ぼして、召公セキを北燕に封じた」と記され、多くの学者はこのときを燕誕生の年だとしている。

51）中国戦国七雄の一つ。現在の河北省、東北南部―南満州―・朝鮮北部を領し、現在の北京を都とし、前222年秦の始皇帝に滅ぼされた。

52）和田清、石原道博編訳『魏志』倭人伝他三篇岩波文庫

53）佐川信子「ヘンナをめぐって」『中東協力センターニュース』2002年12月／2003年１月

54）日本風俗学会編『縮刷版　日本風俗史事典』弘文堂／1994年、586頁「べに」

55）結城嘉美「植物としての紅花」、７頁

56）原田善明「薬用としての紅花」『羽陽文化』（第十八號紅花特輯號）山形縣文化財保護協會／1953年、５頁

57）石原明『漢方』中央公論社／1994年、19頁

58）江戸時代、日本では「はしか（麻疹）の命定め、疱瘡（天然痘）の見目定め」と恐れられたことから。

59) 伊藤信博「「御霊神」の誕生（1）」『言語文化論集』第XXV巻　第1号名古屋大学大学院国際言語文化研究科／2003年10月、8頁を参照した。
60) ラックカイガラムシの雌の分泌物から抽出した赤色染料、現在の臙脂色にあたる。
61) 河北町誌編纂資料編　第36輯「大町念仏講帳（前）」河北町誌編纂委員会によると、18世紀、ベニバナ栽培隆盛をきわめた出羽（現在の山形県）では、出羽三山（月山、湯殿山、羽黒山）詣の土産品として縁起と薬効からさまざまなベニ商品が扱われたとの記録がある。
62) クリは枝と果皮（毬を含む）を染料利用し、それぞれ抽出される色が異なるため、クリは「材、茎、および枝類（全草含む）」と「果実（果皮、虫瘤含む）」にそれぞれカウントしている。
63) 相乗的な作用とは逆に、緩徐な作用によって有害性を防ぐ効果も示すとされるのも、生薬の特徴である。（木村孟淳・田中俊弘・水上元編『新訂生薬学』南江堂／2012年改訂第7版、9頁）
64) 水上元高知県立牧野植物園園長・名古屋市立大学名誉教授への聞き取りによる。
65) 日本風俗学会編『縮尺版　日本風俗史事典』弘文堂／1994年、180頁「薬」によると、正倉院に納められた薬物の内、『種々薬帳』記載の紫雪・金石凌などが早い時期に消費されてしまっている理由について、神仙薬である「丹薬」（水銀製剤）の解毒に払い下げたものと考えられている。
66) 木村孟淳・田中俊弘・水上元編、前掲書、1頁
67) 江戸時代の遊女がベニを塗るのは外観を粧うだけで無く、口付けによる病気防止を兼ねていたといわれている。鈴木「日本の伝承薬16紅花」『月刊漢方療法 Vol.2 No.5』谷口書店／1998年8月、75頁
68) PCCS＝日本色研配色体系のトーン概念を照応した。
69) 上村六郎『日本の染色』東出版／1974年、183～185頁
70) 見田宗介・栗原彬・田中義久編『社会学辞典』弘文堂／1994年、364頁「自然」
71) 人間性の社会学的意味内容を統一的に示す概念。個人の人間的・自然的諸力としての欲求・欲望・価値・意識とそれらの表現もしくは実現された諸形態とを意味する。見田宗介・栗原彬・田中義久編『社会学辞典』「人間的自然」から抜粋、689頁

第三章　赤の力学
　　──中心と周縁のヘゲモニー──

　前章では、日本の社会および文化的意識を形成し、構造化する「赤」のうち、特に、わが国を代表する赤系染料のひとつであるベニバナに着目し、それから得られる「紅(アカ)」色の二つの色名（クレナイとベニ）について、人間と社会との連関からみてきた。クレナイは、政治的ヘゲモニー装置の色として、支配─被支配に布置される人間と人間の垂直的な構造を形成した。特に、絶対的支配─被支配の構造において、色によるヘゲモニー装置「禁色」においてタブーを創出し、構造間の不可侵および断絶を演出した。一方、ベニは、人間の身体に直接・間接的な影響力を及ぼす化粧料および薬の用途より、外的自然と内的自然を循環する色として、貴賤を問わず、生物的存在である人間の生命力において水平的な構造を形成した。この構造は、やがて生産─交換─消費といった経済活動が主導する、新たな社会構造とともに変容していくことになるのである。

　本章では、江戸時代のベニバナ交易における、生産地と消費地にみる各々の「赤」の価値についての考察を試み、そのために、生産地と消費地における交換を象徴するものとして、当時の「下り荷」であった「雛人形」を事例とし、双方の価値観の差異を浮かび上がらせることをめざすものとする。さらに、これらの差異にみる「赤」をめぐる新たなヘゲモニー争いから、政治的ヘゲモニーとは異なる、生産─交換─消費を軸とした人間と人間の連関および、社会構造にみる「赤」の意義ついて試論していく。

第一節　ベニバナ交易のシステム

1.1　生産地と消費地——中心と周縁の変容——

平安時代のベニバナの流通——「禁色」と「調」——

　4世紀頃、中国大陸から朝鮮半島を経て、わが国に渡来したベニバナは、当時の渡来社会および文化を模範としながら構築された中央集権国家体制を背景に、政治的権力を有する位階を演出し保持する色および色材として必須であった。その後の平安時代は、いわゆる「和様の開花」（谷田・小池、1989年）を迎え、渡来文化を手本とした価値観は終息しつつあったが、依然としてベニバナによる紅（アカ）は、社会的ヒエラルヒーの上層部に位置する貴族の衣料および化粧料として重用されるなど、位階制社会におけるイデオロギー装置として機能し続けた。これら渡来植物のベニバナの意義が、大陸や半島からもたらされた新奇性を超え、絶対的権力における政治的ヘゲモニーを象徴し意義づける紅（アカ）として、ヒエラルヒーの頂点に位置する特権階級に取り込まれることで、必需の位置付けを獲得したことを意味している。律令制度によって社会統治が行なわれる場合、当然、律令を司る者が権力者となる。人間にとって衣服は、身体を保護する実利的機能性のみならず、位階や性別（ジェンダーも含む）を表現する象徴的機能性も持ち合わせることは、服飾史など多くの先行研究で述べられているが、わが国における和様の開花期である平安時代は、まさに、後者における衣服と人間の関わりが緊密であり、「禁色」など色のタブーを設け、位階制において人間と人間の差異化を図ったのである。「禁色」が定められていた当時の貴族にとっての着衣とは、衣服そのもの以上に、衣服に染められた色にあったといえる。換言すれば、人間を着色することで差異化を行ない、権力の有無など力関係を可視化したともいえよう。このような社会背景において、衣服を染色する染料について、社会的ヒ

エラルヒーの上層階級を中心に需要が発生し、対応するベニバナの供給については、当時、律令制の現物納租税の一つであった「調」の一品目として、全国64ヵ国中24ヵ国（伊賀・伊勢・尾張・参河・駿河・甲斐・相模・武蔵・安房・上総・下総・常陸・信濃・上野・下野・越前・加賀・越中・因幡・伯耆・石見・備後・安芸・紀伊）を対象とし、義務化されていた（『延喜式』第24巻）。当時のヒエラルヒーの上層に位置する貴族が、権力を掌握し割拠した帝都および付近の地である大和・山城・河内・和泉・摂津を、政治および社会的権力における中心地と定めた場合、中心地の欲望や欲求における需要に対応するには、中心地の周縁に位置する地に対し、租税義務による供給を強いたのである。すなわち、位階制社会における中心と周縁のヘゲモニーは、権力的発注者と義務的受注者の人数比において絶対的権力における強制的な義務の均衡を保ち、需要と供給の社会構造が確立していた。特に、色材であるベニバナの供給は、当時の絶対的権力者を表す「禁色」と結びついていたため、常に周縁から中心へ、一方通行の流通経路を辿ることとなり、決して逆流することはなかったのである。

　こうした「支配力」や「強制力」といった視覚化できない権力を、視覚効果の高い「色」と結び付けたイデオロギー装置の一つである紅の色材であるベニバナは、染料や有機顔料などの色材である一方で、婦人科系の症例に効く生薬でもある。前章でみてきた化粧料ベニは、ベニバナの色と薬効の両方の特徴を有し、さらには、人間の外的身体と内的身体および人間的自然の両方に影響力をもつものであった。このようなイデオロギー装置を離れ、人間の生命力や生命欲といった内的自然に直接的な影響力をもつ薬と、その薬の原料であるベニバナの色とが結びつくことで、「赤」は、生命力を由来する色として、新たに立つ位置を確保することになった。生命力といった生死に関連する事象への関心は、支配─被支配の関係にみる位階や貴賤を問わず、生物である人間的自然として、われわれに遍く備わったものである。当然、支配力をもつ社会的ヒエラルヒーの上層部に位置する者は、権力行使力によ

り、他方のヒエラルヒーの下層部に位置する者から、強制的に搾取を行なったであろうことは、先に述べた「調」や、それに伴う厳罰といった種々の義務にみることができる。一方で、社会的ヒエラルヒーの下層部に位置する生産者は、生産にたずさわる主体であり、生産と消費におけるヘゲモニー争いにおいて、生産者は、生産行為を通して直接的に原料と接触でき、さらには原料の調達および供給においても有利なイニシアティブをもつ。特に、「禁色」のように、視覚的訴求力を持つ色は、タブーに対する違反についても明確に判定できるが、薬のように、内服する場合は、目に見えないため、政治的タブーに觝触したか否かは判然としないものである。このように、原料を主体とした場合、栽培による直接性においては、生産者のヘゲモニーは消費者より優勢であったといえよう。以上のように、原料が多元的な意義を有し、その栽培生産者である被支配層に対して、支配者が強制的権力を行使し得ない状況において、はじめて、社会構造における需要と供給は、生産と消費の間に「交換」という、双方向に流通可能な通行手形が出現したのである。

近代以降におけるベニバナの流通

　交換とは、「その過程において各関与主体が送り手でありかつ受け手でもあるという形式をもつ、財のフロー（＝流通）」[1]であるとする。交換が行なわれる個人、制度的理由によって多様な可能性があるが、送り手と受け手各々の価値が発生し、交換において双方に「のぞましさ」[2]が、発生することで成り立つ仕組みである。こうした交換価値を創出するために、生産側は消費側の欲求や欲望に対応し、換金価値をもつ「商品」という新たな価値付けを行ない、消費側はみずからの欲求、欲望に適う「商品」を購買することで、「のぞましさ」を手にすることができるようになる。このように、生産地と消費地の関係は、封建的社会制度における搾取（する）と徴収（される）の関係から、商品との対価による交換を基軸とした、商業経済の仕組みにお

いて、新たな関係を形成して行くことになった。

　平安時代には「調」の対象であったベニバナは、江戸時代には、染色工業地帯を抱え、化粧料ベニの主要な消費地でもある上方（現在の京都府および畿内）の需要に応じる商品作物としてだけでなく、主要な生産地である最上地方（現在の山形県）においては、「最上紅花」（上方では「もがみべに」、最上地方では「もがみばな」）と称しブランド化され、より対価性のある商品として価値付けられていったのである。最上地域は、平安時代には、輸送路、地理的事情により、ベニバナの「調」の対象除外国であったが、近世以降、貢納作物の制度が廃止され、生産性の低い地はしだいに廃れて行く中、最上川流域の風土・気候が、ベニバナ栽培の好適地として新たに浮上した。それは、最上川流域に広がる肥沃地が畑地に適していた上に、村山盆地が盆地特有の霧の多い扇状地帯であったためである。さらに、東西に多くの支流を持つ最上川は酒田[3]まで北流しており、日本海から出帆する「北前船」[4]との連絡による上方への重要な経済路となり、最上地方においてベニバナは有益な交易物資として残ることとなったのである。以上の好条件が重なることで、ベニバナの特産地と化した最上地方について、今田信一は、『最上紅花史の研究』[5]において、江戸時代中期以降の史料的事例である、『日本鹿子』［元禄4年（A.D.1692年）版］、『買物調方三合集覧』［元禄5年（A.D.1693年）版］、『日本国花萬葉記』［元禄10年（A.D.1698年）版］、『目早報告書』［亨保16年（A.D.1732年）調査］、『和漢三才図会』［正徳2年（A.D.1712年）版］、『紅花売値段書上帳』［文化8年〜天保11年（A.D.1812〜1841年）］、『重訂本草網目啓蒙』［弘化4年（A.D.1848年）版］に表記されるベニバナの特産地名から、1．平安時代の延喜式当時から近世[6]まで通しての生産地（伊賀・相模・上総・武蔵・下総・常陸・信濃・下野・紀伊、9ヵ国）、2．近世に入ってからの生産地（出羽・筑後・伊豫・播磨・陸奥・薩摩・肥後、7ヵ国）、3．（1と2を合わせて）近世初頭から明治時代初頭にかけての主要生産地（伊賀・相模・上総・出羽・陸奥・薩摩7ヵ国）に分類をしている。最上地方は、「出羽最上」の表

記で、2と3に分類されている。特に2と3に記載されるいずれの地名も、平安時代、京都などの中心地に対し、いわゆる周縁地とされ、「調」を課せられた24ヵ国よりも、遠隔地の国が含まれていることが特徴的である。その中で、薩摩や筑後など本州から離れている国は、まず本州に入るために必要な、舟による運送路の発達があったことがわかる。これは、近世以降の社会における「交換」と「流通」をキー概念とした経済活動が活発となり、その結果、大量に、速やかに、さらに確実に流通を行なう陸路や海路が整備されたことを意味している。最上地方では、栽培地である村山郡・置賜郡内で収穫されたベニバナや大豆、青苧[7]を、谷地（現在の西村山郡河北町）に集荷し、川船中継所であった大石田河岸まで駄走（馬による運搬）を行なった。これは、最上川の三難所（碁点、三河瀬、隼瀬）の急流で貴重な荷を遭難させないためにとられたものである。この陸上駄送路として羽州街道[8]の改修や、最上川の大小68ヵ所にのぼるといわれる難所のいくつかを閉鑿し、各河岸制度の確立と輸送制度の充実による「僻地間交易」の至便化を図り、商品生産物の増産と輸送の安全性および迅速性を求め、集荷および取引の中心となる「荷問屋」の発生を促したのである。

　このように、商品化された生産物の効率的な交換を基軸に、生産地と消費地の関係は、それまでの中心地と周縁地の概念も変化させた。すなわち、江戸時代の周縁地とは、それまでの中心地における距離的条件におけるものではなく、近世以降の消費と生産の分離・対立と重ねられる関係となる。しかし、一方で、生産地では、生産に従事する農民だけでなく、農作物に商品価値を持たせる「サンベ」という仲買人や、商品化された農作物を集荷し取り引きする「荷問屋」といった商人が発生する。それは、生産地内で生産側と消費側といった分離・対立関係が生じただけでなく、多くの人間が関わることによって、商品価値の間接的な変化を促進させるものであった。特にベニバナは、栽培生産側に位置する農民にとっては、あくまでも「ハナ」と呼ぶ「植物」だが、仲買人はそれらを「ハナモチ」といった植物の花（管状花弁）

から得られる色材として扱い、さらに荷問屋は、その「ハナモチ」を、消費地に輸送する段階で「ベニモチ」といった化粧料ベニや西陣織や友禅染に使用される赤色染料の原料として扱うといった例からも、流通における商品価値の間接的な変容を目の当たりにすることができる。このように、貨幣循環による交換作用は、相互に重層構造を成し、しばしば生産者も消費者になるといった流動的関係において、中心と周縁もまた流動的でボーダーレスなものであったことが当時の特徴であり、同時に、生産から消費に至る間接性が、さまざまな象徴性を育んだといえよう。

　次節では、江戸時代における生産と消費の関係から、商品作物となったベニバナが、最上地方においてどのような価値付けにあったかについてみていく。方法として、「北前船」による谷地と上方の交易システムにおける「荷問屋」など問屋の存在がもたらした、新たな流通のベクトルについて述べる。次に、こうした商業経済の流通機構において、間接的な位置取りにありながら、近世の商業経済力において新たなヘゲモニーを掌握した「商人」──生産側と消費側の双方を往来する両義的な存在──が、当時の社会および文化の形成に、どのような影響力を及ぼしたかについて、「紅花商人」を中心にみていくことにしたい。

1.2　最上紅花の起源──生産と流通によるヘゲモニー──

今田信一『最上紅花史の研究』を中心に

　山形県西村山郡河北町谷地は、明治時代初期まで、「最上紅花」の銘柄により、主要なベニバナ生産地および集散地であった。特に、江戸後期には、「最上千駄」[9]と呼ばれ、その隆盛をうかがうことができる。気候により産出量の変動はあるものの、最盛期には、およそ一千町歩（300万坪＝99000アール）の畑地から、年間十数万kgの花餅（＝紅餅）が作られ、最上地方に数十万両（一両は金貨小判一枚、金貨大判一枚で7〜8両に相当する）から、高相場では年収八十万両の収入をもたらしていた[10]。「花一匁金一匁」とうたわれ、花餅

一俵が米百俵に相当する[11]ほど価値をもった「最上紅花」は、どのように最上地方において特産品と化したのであろうか。

まず、谷地における最上紅花との関わりについて、天正5年（A.D. 1577年）、谷地館主であった白鳥十郎長久（しらとりじゅうろうながひさ）が、織田信長に服従の意を示す名馬を献じ、その返礼に、他の品目とともに「紅五十斤」（約8貫匁の干紅花、当時の生産力で5、6反歩に相当する量）を贈ったとの返礼書簡が現在も残っている[12]。また、天正7年（A.D. 1579年）には、山形城主である最上義光（もがみよしあき）が、湯殿山権現に病気平癒の祈願をした際、治癒後「上紅花壹貫仁百匁」を納めることを奉幣にて誓約したとする記録（『山形県史（旧）』第一巻）などの例からも、商品化される以前のベニバナは、身分や立場が上の者が下の者へ物を与える「下賜」の対象品として扱われ、ひいては、江戸時代、上方の産物が江戸およびその他の地方に送られた品目である、いわゆる「くだりもの」として、上から下へと贈賜としての価値を有していたことがわかるのである。このような「くだりもの」として、すでに価値付けられていたベニバナの特産化について、今田信一（こんだ）は、「上方との交易に当たっていた目ざとい商人たちによる移入ではなかったかろうか」[13]と、上方交易が行なわれ始めた室町時代末期から安土・桃山時代頃、酒田が「諸国往還之津」といわれていたことからも、酒田経路にて最上川中流域にもたらされ、その収益性と適地性により、文禄から慶長時代頃には、早くも特産化の傾向を帯びてきたのではないか、と推測している。寛永2年（A.D. 1625年）には、大石田河岸が川船仲継（ママ）所として成立していたとし[14]、この頃すでに、ベニバナは課役移出物資として藩庁に掌握されていたと指摘している。このように、当初は「くだりもの」の価値にあったベニバナが、商業経済に関わりの深い商人たちによって移入され、最上川流域の風土的好条件により、商品作物として栽培されるようになり、高い換金性の商品作物は郡内の経済力を高め、藩庁など支配層の財政政策において、直接課税対象とされたのは当然である。しかし、課税対象となったのは、その出荷に際しての荷役制度に止まり、商品生産における

利潤を、支配的権力によって直接収奪することはなかった。それは、商品の流通から相場まで特権的に掌握した「荷問屋」と呼ばれる商人の圧力があったため、政治的支配層にとって、利潤の収奪が困難であることを知っていたためである。前節において、すでに、最上川流域の盆地性気候がベニバナ栽培に好条件であった上に、最上川が重要な経済交通路となったことにふれたが、山形県下で栽培される米をはじめ、ベニバナや大豆、青苧などの商品作物を、谷地を集散地とし、それを一手に引き受けたのが、いわゆる「荷問屋」である。集荷物は、羽州街道から大石田河岸まで駄走し、大石田河岸の川船中継所での課税支払いから、船差出人の配船（ベニバナ35駄で、中程度の「小鵜飼舟」一艘分）、通切手の交付まで、「荷問屋」によって仕切られていたのである。さらに、「荷問屋」から「積合問屋」にわたり、酒田港から千石船である「北前船」に分載され、敦賀に入港後、陸上運送業者である「荷継問屋」や「馬借問屋」が琵琶湖まで駄走を行なった。琵琶湖から舟で大津に渡り、青苧は伏見を経て奈良へ[15]、ベニバナは京都へ辿り着くという、様々に分業した問屋が、流通網の要所を掌握しており、なかでも「荷問屋」は栽培作物が商品作物となる起点に位置するため、流通網のイニシアティブを執っていたことは、江戸幕府末期の山形藩や天童藩では、ベニバナを藩営の一括販売を計画、不成功に終わったという例にもうかがえる[16]。これは、ベニバナの収益により藩の財政立直しをはかろうとしたものの、財の流れを掌握していた商人の権力が強大であったことを示すものである。こうした商人の台頭は、特に、生産地であり集散地でもあった村山地方における権力の支配体系を複雑化し、農民の生産や商人の流通に対しても、制度的拘束力が弱かったため、商人によるベニバナの商品作物化がさらに進み、農民にとっても、ベニバナ栽培への生産意欲の増大化を促すこととなったのである。

商業経済における「価値」の流通

　室町時代末期から安土・桃山時代は、新たに「町人」とほぼ等しい概念で

捉えられる「商人」という言葉や概念が社会に出現した時期といわれている[17]。特に、服飾文化においては、公家や武家といった階層と互角の装飾性を発展させた、町人の独自の美意識が成立し、逆にこれらが武家の服飾に影響を及ぼすことにもなる[18]。このような文化の逆流は、平安時代にみる絶対的なヒエラルヒーの不可侵と断絶をめざした封建的社会にはみられなかったものであるが、都市の形成とともに発達した商業経済を背景に、一部の富裕な町人が出現したことに由来するものである。しかし、一方では、町人のみならず一般武士の華美を戒める訓令がしばしば発布され、前時代から続くヒエラルヒーを厳格に保持する動きも当然あったが、それでも富裕層の町人を中心とした、身分をこえた奢侈に向う動きがあったであろうことは、今日においても、浮世絵に描かれた、町人の華麗な服飾に見ることができる。こうした、商業経済を背景に出現した「富裕層の町人」は、それまでのヒエラルヒーにおける政治的ヘゲモニーとは異なる、新たなヘゲモニーを出現させ、いわゆる門外不出のものを広範に浸透させる原動力となった。本研究で歴史的にとらえてきたベニバナも、そもそもは渡来品であり、また政治的権力と結びついた貴重品であったことから、いわゆる戦国時代では下賜品として扱われたが、一方で、わが国の社会に新たに登場した「商人」および「町人」の主導により、従来の「くだりもの」とは変則的な流れとなっていく。そして、近世以降、この新たなヘゲモニーを掌握するのは、経済的に富裕な商人および町人となっていったのである。換金性の高い商品作物を掌握し、さらに貨幣の流通を手中においた「荷問屋」が、近世以降の経済的社会構造における新たなヘゲモニーを獲得し、富の力による自由経済を展開することで、それまでの下賜制度は無視され、いわゆるヒエラルヒーの「上から下へ」のベクトルにあった価値の流れが逆流しはじめるのである。

1.3　紅花商人の出現

農村の変化——換金作物ベニバナの生産上昇の背景——

　商業経済の発展により、輸送路や流通のシステムが整備されることで、換金作物の生産上昇は、生産側である地方農民にも現金収入の機会が増え、文化的消費生活への意欲も高まることとなる。当時、高い換金性の商品作物であるベニバナの栽培に従事していた最上地方村山郡内も、例外ではない。近世初期頃から、蝋や漆など林産物、真綿(まわた)、荏油(えごま)、紙、煙草など、地域毎の特産的加工品の生産が著しく展開し、これに対し支配層は、他国他領との重要な交易物資のため、生産奨励と保護をおこない、出荷役徴収の対象とした。このことから、村山郡内の農業経営は早くから自給自足を立前とする領域経済から脱出、広域流通の経済への参加が、「金遣い経済」[19]と呼ばれ、農民も現金収入の機会を得て、自給生活から購入消費生活への変化など、社会的影響と変化を与えることとなった。例えば、衣料素材も苧苹から綿に変化し、麻布の袷(あわせ)であった「布子」から木綿着といった、新しい生活文化が生じることとなる。農業においても、自給肥料から、魚肥といった金肥を使用するなどの変化が見られた。しかし、「町家みな草葺のみにて、端ばしの民家は非人小屋見る如く、侘びしい市中なり」（古川古松軒『東遊雑記』天明8年（A.D.1788年)[20]と、当時の出羽（現在の山形県）について述べているように、上方に比較すれば、衣・食・住も充分とはいえなかったようである。現金収入が可能となった農民階層においても、明白な貧富の格差が生じ、家屋敷や田畑を所持し、村の構成員として地位を獲得した「本百姓」が台頭する一方で、「水呑」とよばれる田畑を所有しない小作階層も多く発生し、低賃金で生産および加工に従事した。生産における著しい分化が、原価の低廉化を進行させたのである。こうした地方の小作階層の従事によりベニバナの原価の低廉化がすすむことで、消費地の紅花問屋が村山郡内の荷問屋や干花集荷業者に前金を投じて盛んに集荷し、ますます生産量が伸びたのである。このよ

うに低コストで集荷されたベニバナは、商業経済の流通機構において京都で販売される頃には、「花一匁金一匁」（干紅花一匁（＝3.75g）が同量の金に匹敵する）まで商品価値が急騰したのである。

　特産的加工品として奨励されたベニバナ生産の初期頃は、取引市場が未発達であったため、干花加工[21]まで、生産者によって行なわれる場合が多かったが、亨保時代の『名物紅乃袖』では、「近年手前干に紅花をいたし、是を山家（＝サンベ）中買し、売買御座候、能花ハ不足ニ而、中〆下沢山に候、水花下直ニてうりかね、畑より沢山出、仕廻遅ク罷成、売かね、手干に仕候」とし、生花生産の市況で売れ残りが生じた場合、やむを得ず手干しをしたとされ、その商品性はいたって低かったとされている[22]。干花加工は、乾燥するための小屋や設備が整っていなければ難しかったためである。ベニバナを市況に商品として価値付けたのは、生花の売買の仲買し、商品作物として流通機構にのせる、いわゆる「牙僧（すあい）」の活動が重要な位置を占めた。最上地方では、この牙僧と同じ機能を「目早（めはや）」と「サンベ」と呼ばれる仲買人が行なっていた。生産量の増大により分離した、生産と加工の間を仲買のサンベが取り持つのが、ベニバナ栽培初期の農村における生産構造の常態であった。

紅花商人の役割──生産と消費の仲介者──

　しかし、需要が増大し、それに応じて生産量が増えるにつれて、生産と流通機能の分離が起こることとなった。生産において、それまでやむを得ず行なっていた干花加工の作業が分離し、専業化した加工業が現われる。加工業は、「生花仕入宿」が請け負っており、仕入宿は「花宿」、「花仕入宿」、「花買宿」と呼ばれていた。「花宿」は、サンベが自由に集荷した生花を持ち寄り売買する場といった性格があったが、「花仕入宿」と「花買宿」は、サンベを通じて生花・干花を集荷し、他の「荷問屋」と取引を結ぶ仲買業的なものであった。分離以前は、「干花集荷問屋」が「仕入宿」を経営の中に組み

入れ、地場における生産過程を掌握しているものもあり、さらには、京都の紅花商人と取引高の契約を結ぶなど、上方商人と密接な取引関係にある業者も山形に集中していたが、生産と加工の分離以後は、流通機構が整い始め、旅篭屋とベニバナ商いを兼営する「荷問屋」が現われるようになる。このように、生産量の向上により生産と分離し、加工から仕入れ、さらには宿の機能を持つものまで、ベニバナの商品価値化に関わるものを、一概に「紅花商人」と称したが、その内容は単一ではなく複雑さを極めていた。これもまた、生産から消費までに多くの人間が間接的に関わっていたことにより生じた事態であったことを示すものである。

　最上地方で、主にベニバナを扱って財を成した「紅花商人」の数は、20数名にものぼるといわれ、その内4人は伊勢および京都出身の商人であり、後に土着化したといわれる[23]。紅花商人は、生産と消費の間の流通機構において間接投機を行なう。この間接性が増加する程、生産側では低廉価のベニバナが、消費側では高額で取り引きされるため、流通機構における重層的な間接性を一束にすることで、多額の富の独占を可能としたのである。よって、紅花商人は、生産側である農民により、収穫されたベニバナを生花の状態で低価格で買い取ることが必要であり、干花（＝紅餅(はなもち)）加工から集荷、流通（駄送、舟運とも）、さらには、消費地である京都の紅花商人とも繋がっている必要があったのである。かくして紅花商人は巨万の富を築き、俗に「紅花大尽」とまで称されるようになる。さらに、富と経済路を掌握していた紅花商人によって、当時の生産地と消費地を経済的に繋ぐ流通機構が、文化的流通機構ともなっていったのである。

　酒田港でベニバナを船積みし出帆する「北前船」は、まず、春に大阪を出港し、各地の港に寄港し商売をしながら、夏前に北海道に入り、ニシンの〆粕などを仕入れ、日本海沿岸を南下する途中で酒田港にも寄る。北海道からの荷を大量に積載しているが、最上川を下り、「上り荷」としてベニバナや庄内米も、空いた空間に積載され、紅花商人と手代も乗せてもらったと、矢

作は推測している[24]。そして、越前の敦賀港に寄り、終着地である大阪の天保山港[25]に入港する。大量物資搬送用に刷新された千石積の帆船「北前船」は、近江商人たちによって、往路は近江の特産品を寄港地で売り歩き、復路は主に蝦夷地（現在の北海道・千島・樺太の総称）から東北の産物を買って売り物にする、いわゆる「のこぎり商売」で巨額の富を稼ぎ、江戸時代における経済の原動力となった。海運路は、さまざまな諸国物産を「上り荷」として上方など主要な消費地へ運び、さらに生産地にもたらされた「下り荷」は、消費の対象となった。米など重量のある「上り荷」を降ろした帰りには、船を安定させる目的もあり、様々な物資を積載した。中には各地の石や仏像、陶器といった重量のある物資を積んで帰港することもあった。それらの石や石灯籠などは、富裕な商人の屋敷内庭園に運ばれた。日用物資となる木綿、操綿、呉服物や茶や蝋をはじめ、古着などが主要な「下り荷」として運ばれることで、地方の購入消費生活に拍車をかけた。さらには笄など装飾品や屏風、雛人形など工芸品も運ばれ、上方の多彩な文化が流入することとなったのである。

1.4 生産地と消費地における雛人形の差異について

人形の起源——「とりもの」と「はらいもの」——

　さまざまな「下り荷」のなかでも、特に「雛人形」は、近世以降のベニバナ特産地であり集散地であった最上川流域に、現在も多く残されている。その理由は、衣類や食料品、日用品といった消耗物資ではなく、当時の上方の染織裂地などが使用された絢爛な工芸品であり、富裕な商人の家族への土産物であることから、大切に保管されていたためである。その後、明治時代に入りベニバナの商品価値が激減することで、徐々に没落した紅花商人が、様々な財産を手放すことになった経緯でも、雛人形は大型で保管が困難なことに加え、「人形」という特殊性により、最後まで売れずに残ったといわれている[26]。「人形」の特殊性とは、一体どのようなものなのであろうか。

そもそも、「人形」は、「ヒトカタ」「ヒトガタ」と訓まれており、『源氏物語』「須磨」の巻では、厄払いのため等身大につくられた「撫でもの」として登場する[27]。増渕は、この人形を「人間の主体性に危機が訪れたときに登場する」ものとして、人間の情念に深く関わるものとして定義している。こうした人形に厄や穢れをうつし、海や川に流すといった「はらう」ことは、人間が水浴や火の威力によって穢れをはらう「みそぎ」に通じ、わが国特有の「浄」「不浄」を区切る信仰心の現れの一つである。特に、肉体が滅びても霊魂は不滅であるとする信仰において、霊魂は人間の世界に訪ねてくるとも信じられていた。その訪問者は祖霊や神霊であり、祖霊と神霊の関係は段階的に向上するものと考えられていたため、それには「浄化」作用が必要と考えられていたのである。様々な「まつり（祀り・奉り・祭り）」は、まつられる「霊」とまつる「人」の間における、相互的浄化作用を促進する信仰上の行為[28]とされ、「みそぎ」は重要な位置を占めたのである。一方で、訪問者である祖霊や神霊を迎えるために、目標となる「依代（めじるし）」をたてた。依代（よりしろ）は松や榊をはじめ、杉、楠、樫、槻、槐、櫟、椋、榎、銀杏、柏、椎、桜、梅、椿、桂、藤、檜、柳など常緑樹を用い、神霊は、これに憑霊して山から里へ降臨し「まつり」をうけるのであった。この依代（よりしろ）を手に持つことで、持つ人に霊性が憑依すると考えられたものは、「とりもの」とよばれた。「とりもの」は、当初、ぬるでのような白木の皮を剥き、細かく削った「けずりかけ」（土地によってハナ、ケズリバナ、ハナキ、ホダレ、ホンダレ、ケェダレ）とよばれるもので、後に紙を代用した「ごへい（御幣）」となったとする説もある[29]。こうした「とりもの」が、盲目の老巫女（東北地方では「いたこ」と呼ばれる）によって、手にした人形（ひとがた）を舞わせる「オシラサマあそび」も、「神を喜び樂しませる、神を遊ばせる」[30]ことで、神霊を憑依させ、解放させるものである「とりもの」としての人形（ひとがた）について、明治27年（A.D.1894年）、伊能嘉矩が人類学会で「オシラ神に就きて」を発表したのをはじめに、明治43年（A.D.1910年）、柳田国男『遠野物語』など、数多くの先行研究において言

及されている。特に、柳田は「オシラ神」[31]で、「上野の博物館」に陳列されていたオシラサマを、「学問のために」、神体を包む幾重もの絹と綿を剥いで見たところ、丸い頭に比べ扁平な身体部が「飯杓子の如く」見えたことから、巫道の方から出たことがわかったとしている。この立体的な頭部と扁平な身体の構造は、約30cmの竹二本を束ね胴とし、さらにＴ字形になるように別の竹を横に組み合わせて作り、綿を絹布でくるんだ頭部をもつ「天児（あまがつ）」にもみられる。天児は子どもの枕元や傍に置き、凶事をうつしとるとした人形（ひとがた）で、子どもの新しい着物は、まず天児に着せ、衣服につく悪霊や厄神をうつした後、子どもに着衣させたのである。人形といっても「オシラサマ」「オシラ神」のような依代よりも、「みそぎ」によって厄神を祓い防ぐといった、呪具的役割に近いものであった。この竹を組んだ垂直の横木部は両腕にあたり、その容姿は、後の「紙雛」に通じる形態をもつ。このように、「依代」から「とりもの」となり、「御幣」とオシラサマのような「人形」とに分かれていくこととなる。つまり、人形の起源は、わが国における１．神の依代となり、それを手に持ち動かす「神あそび」によって神霊を解放する、神を招き入れる呪具、２．自らの罪穢れを祓う「みそぎ」や、それにより悪霊や厄神を退ける呪具、といった神の両義性による二つの信仰と結びついた、実に呪的起源にあることがわかるのである。

　さて、人形が「ニンギョウ」と訓まれるようになるのは、室町時代以降からとされている[32]。それまでの「厄をうつし、祓う」といった人形の呪具的形成から、目鼻を描き、化粧を施し、美しい衣裳を着せるといった「衣裳的形成」[33]によって、人間と人形の関係は、単に「祓種（はらえぐさ）」といった一過性の形代から、美的価値により鑑賞され、また、化粧を施された顔の表情や、衣裳を纏うといった、人間を縮図化した容姿から愛玩される「人形（にんぎょう）」へと推移した。こうして人形は、神の領域に属する存在から人間的な存在へと変化を遂げていったのである。

雛人形の発展――「ひひなあそび」から「雛まつり」へ――

　雛人形は、近世以降、それまでの信仰性と愛玩性を継いだ節句人形として発展し、成立したと考えられている。「ひな」については、「ひひな」が語源とされ、『源氏物語』や『枕草子』など平安時代文学に表れており、幼い姫君の遊びとして描かれているものの、『枕草子』では、「ひひなあそび」に飾られた調度の美しさなどを記し、その遊びも調度を中心とした「ままごと」的なものであったとの推測もある[34]。この「ままごと」とは、今日の、子どもが炊事や食事のまねごとをする遊びとは異なり、神を招き共食する、いわゆる「直会（なおらい）」を指すものであった。このことから、「ひひなあそび」は信仰を源流としたものであったことがうかがえるのである。今日、雛まつりは、女児のある家で雛人形を飾り、菱餅や白酒、桃の花を備え、女児の成長と幸福を祈るまつりとして、三月三日に行なわれているが、そもそも三月三日は、季節の変わり目にあたる節日のひとつである上巳節句にあたり、草餅を節日の供御（くご）（＝節供）としたことから、直会と近似であることがわかる。「ひひなあそび」は、「オシラサマあそび」と同じく人形に神を憑依させ、また解放させる、宮廷神事のひとつであったことがわかるのである。もともと雛人形の源流にある神事や「みそぎ」などは、平安時代の閉鎖的な公卿社会において、形式と性格を保守されてきた。しかし、戦国時代を経て、天下泰平の世となった江戸時代には、徳川幕府による天皇家や公卿貴族との政略結婚などにより、それまで秘匿されていた様々な宮廷文化や御所中心の行事が、一般庶民にも開放されることとなる。雛人形も例外なく庶民化がはじまり、女児の人形遊びと上巳節供の行事が結びついて、今日のいわゆる「雛まつり」に近い形態が完成されつつあった。さらに、当時の社会的潮流であった、活発な商業経済により、雛人形や調度品の商品化がはじまり、「雛市」が立ち、秀逸な工芸技法により、豪華な金襴織物裂を用い立体的な装束衣裳の「坐雛」といった優れた雛人形が完成することとなった。これらは、罪穢れをはらう「人形（ひとがた）」や、王朝文化における「ひひな」とは異質の、「人形（にんぎょう）」

の登場を示すものであった。

　雛人形は1.「立雛(たちびな)」と2.「坐雛(すわりびな)」に大別することができる。1は、雛人形の成立過程でもっとも古い形と考えられており、もともとは藁を束ね芯とした体躯と紙製の頭部をもつ「紙雛」であったとされている。紙でつくられることからも、「けずりかけ」など「とりもの」が「御幣」と「オシラサマ」とに分かれた過程が想像される。特に立雛の男雛は、両腕を水平に直立した形であり、天児の系譜にあることも想像させるものである。2は、立雛とともに発生したとされているが、伝世品はなく、その起源は一般的に人形の「衣裳的形成」(増渕)にあるとされている。その衣裳や頭部の作りから、様々な形式を発展させていくのも、雛人形が商品化される江戸時代の社会背景を反映したものと考えられ、文化年間(A.D.1804～1818年)の川柳に「祖母次郎左、母つっぱりに嫁古今」とあり、雛人形が流行とともに、短期間で形式を変化させたことがうかがえる。ちなみに、「次郎左(じろうざ)」とは「次郎左衛門雛」のことで、宝暦年間(A.D.1751～1764年)に京人形師である雛屋次郎左衛門よってつくられた、丸顔に引目鉤鼻といった王朝文化の風貌が、公卿や大名にもてはやされ、坐雛だけでなく立雛もつくられ、庶民にも浸透したものだ。「つっぱり」とは「寛永(かんえい)雛」や「元禄(げんろく)雛」、さらにそれらを大型化した「享保(きょうほ)雛」を指す。手を袖口の中でつっぱっており指先がみえない「寛永雛」にくらべ、「元禄雛」は、男雛に手足が付けられており、女雛は袴の膝頭部分と打掛部分に綿を多く入れ、全体の構成が三角形になったものである。「享保雛」も構成的に「寛永雛」「元禄雛」を踏襲しているが、特に大型化し、庶民に普及したことで「町屋雛(町雛)」に分類される。男雛は束帯に似た装束であったが、基本的に女雛と同じ金襴織地を用いていた。手には勺をもち、形式的な小さな足が付いている。女雛は特に装飾が絢爛になり、大きな天冠を被り、檜扇を手にし、「元禄雛」と同じく緋袴と、五つ衣、唐衣の袖口を綿で膨らませ、裏地にあたる紅絹(もみ)を強調している。商品の差異化をはかるため、大きなものでは80cm以上といった大型化、華美な装飾過多

が進行した。そのため、幕府の倹約令により、雛人形の寸法を制限し、華美なものを戒める禁令が亨保6年（A.D. 1721年）に発布された[35]。幕府は雛の寸法を八寸（24.24cm）までと定めたが、しばしば破られ、世相の好みに応じようとした。このような大型化した雛人形の風潮は、大正年間まで残り、京都や大阪を始め諸地方で盛んに大きな雛を飾ったといわれている[36]。装飾過多で大型化した町屋雛とは対照的に、宝暦・明和年間（A.D. 1751～1772年）頃、公卿の装束を正しく考証し、衣問道の司家である山科家と高倉家の認定のもと、有職故実に則る「有職雛（ゆうそくびな）」が登場し、当時の上層階級の婦女子の雛人形として重用された。こうした「有職雛」に影響を受け、庶民の間には「古今雛（こきんびな）」とよばれる新たな形式の雛人形が流行する。明和年間（A.D. 1764～1772年）、江戸池端大槌屋が十軒店の原舟月に作らせ販売したもので、今日の雛人形の大本といえるものである。

雛人形にみる赤

　もともと、呪術と祈祷における穢れをはらう形代であった人形（ひとがた）を起源にもち、また節日の直会の意をもった「ひひなまつり」では、その調度や節供が重要視されるなど、生命力への信仰心を基軸としたものであったが、江戸時代の様々な風潮の中、ひとつの商品として変化し、特に「亨保雛」にみられるような、町人の嗜好や、商品の価値付けのための差異化により様々な流行が生まれた。こうした商品の差異化を扇動したのは、消費地の一般庶民だけではなく、経済流通路の発達により、激しく出入りをおこなった地方の商人たちも、一翼を担っていたのである。「雛人形」の大型化や装飾過多により、それらを購買できるか否かといった、差別化が過熱した「雛人形」の流行は、北前船の「下り荷」として、ベニバナや商品作物の生産地である最上地方に多数もたらされることとなった。

　こうして、「下り荷」として最上地方に運ばれた雛人形は、当時の消費地の嗜好や動向が反映されたものであり、また、当地の風俗を浴した、紅花商

人たちが選び買い求めたものであった。今日まで最上川流域地帯に現存する雛人形は、当時の消費地と、消費地に逗留した商人における二重の価値観に加え、さらに生産地である最上地方の風土や風習に適うものが残されたと看做すことができよう。しかし、菊池は、昭和30年代の東北地方の雛まつりについての調査から、東北地方の中では山形県では雛人形や人形を飾る「雛かざり」や「雛まつり」が行なわれているものの、全体的には「三月節句」、「雛節句」、「桃の節句」と称して、神仏になんらかの供え物をするが、ほとんどの地域で、雛人形を必ずしも必要としない実体について指摘をおこなっている[37]。これを援用すれば、当時の最上地方に流入した雛人形は、雛まつりに必須の小道具ではなかったことがわかる。さらに、生産地の人々にとって「下り荷」における雛人形の価値とは、消費地の嗜好や流行を反映した商品価値への共鳴ではなく、はたまた歴史的起源まで遡及できる「祓種」としての「人形（ひとがた）」信仰とも無関係のものを見出していたのではなかろうか。特に、現在も河北町谷地に現存するものをみる限り、「亨保雛」14対、「古今雛」31対[38]と、他の形式の雛人形よりも圧倒的に多く、それらは、消費地における商品の差異化と流行を反映した、いわゆる「町屋雛（町雛）」がほとんどである。「町雛の中には、東北地方の好みにあった、暗赤褐色（蘇芳色）の輸入裂や別染めの裂を用いた、清王朝風のもの」は、「京都で作られ、北前船」で運ばれて、最上川流域あたりにまで売られて」[39]いったということは、最上地方に好まれた雛人形は、「暗赤褐色」の裂を衣裳としたものであったことを示すものである。この記述は、谷地に現存する「亨保雛」（14対）や、「古今雛」（31対）にくらべ、「有職雛」が7対であることを説明するものであるといえよう。「有職雛」は公卿や武家など上層階級に浸透し、庶民に流出する機会が少なかったというのもひとつの理由ではあるだろうが、有職故実の衣問道に従った衣裳装束は、男雛は「束帯」「直衣（のうし）」「小直衣」「狩衣」、女雛は「五つ衣（いつごろも）」「唐衣（からぎぬ）」「小袿（こうちき）」などに、有職文様を雛人形の大きさに合わせた織紋生地を用いるなど、有職に則した正式さを求めた。有職で

「唐衣」や「表着」では「色」だけでなく「文様」「織物の種類」などきまりを含んだかさね色目[40]の約束事により、無秩序に「赤」色を用いることがなかったのである。そのような「有職雛」において、「赤」を意識するところは、いわゆる「長緋袴」部分のみといえよう。それに対し、町屋雛である「亨保雛」の装束は、襟元や袖口など「かさね色目」を意識した、いわゆる「十二単」的な装束であるものの、色とりどりの金襴を重ね、有職故実からみると辻褄が合わない装束である。特に幾重にも重ねられた袖口の裏地の「赤」と、同じく綿を入れて膨らませた裾口にみられる「赤」は、江戸時代の女子の服装である「打掛」[41]と相似するものである。町人たちは、王朝時代の装束の特徴を、「かさね」ることと考えたのであろうか、「亨保雛」の特徴は大型で装飾過多であるだけでなく、打掛状の表着をかさね、幾重にもなった袖口と裾廻りの「赤」と、綿を入れ大きく膨らませた緋袴による、全体的に「赤」く、三角形に誇張されたフォルムにある（口絵12）。すでに述べたように「古今雛」は、「有職雛」の出現から、より「衣裳的装束」に傾向化した雛人形であり、一般的に上層社会の文化への憧憬と模倣から生まれた「町屋雛（町雛）」とされているが[42]、しかし、「下り荷」として運ばれた「古今雛」は、「東北地方の好みにあった、暗赤褐色を用いた」ことからも、上層社会および文化への憧れとして形作られた「有職雛」の系譜を汲む「古今雛」ではなく、「赤」を主体とした「亨保雛」の流れにあることがわかるのである（口絵13）。

　以上から、生産地における「下り荷」の雛人形は、「赤」という色を物性化したものと捉えることができよう。特に当時、主要なベニバナ特産地であり集散地であった谷地は、紅花商人と呼ばれる「荷問屋」が、その流通のほとんどを掌握し、生産者と消費者は完全に分断されていたため、実質的な生産者である農民にとってベニバナは、あくまでも栽培作物である植物であり、現金収入につながる換金作物であるといった認識にあり、ベニバナの用途が、消費地における化粧料ベニや、豪奢な西陣織や友禅染めに使用される

赤色染料の原料になることは知られていたとしても、その「紅(アカ)」い色を想像することは不可能であったに違いない。一方で、消費者である京都および畿内の人々にとって、「ベニ」はあくまでも「赤」を呈する化粧料や赤色染料といった色であり、あるいは、高価であるものの生活に密着する価値観を有していたが、ベニの原料であるベニバナの姿は、「末摘花」など文学的な印象から、花弁の末を摘むことは知られていても、棘があるために朝露の残る早朝に摘むことや、さらには、「花振り」をし黄汁を除去し、「花寝かせ」で発酵し、紅餅に加工するといった手間をかけ、赤色素を抽出することは、認識されていなかったであろう。この生産側と消費側を分断する紅花商人は、一方で、ベニバナを植物から「紅餅(はなもち)」といった色材とし、さらにはベニや染料として赤色となっていく流通経路を整備することで、生産地と消費地を繋ぐ役目も果たした。さらに、「下り荷」である雛人形を通して、雛人形により物性化された「赤」という色を生産側に逆流させた。つまり、本来、実体のつかめない「色」や「文化」などを、「下り荷」として運ぶことで、生産側におけるベニバナの認識に、あらたな価値観を加え、可視化する役目も果たしたのである。しかし、逆流した「赤」は、生産側の風土および文化と結びついて、消費地における「赤」とは異なる新たな価値観を創出することになったと捉えられる点は興味深い。

　第二節では、河北町谷地を事例に、生産側の風土に着目し、「下り荷」として流入された「雛人形」を通して、谷地の人々にとっての「雛人形」および「雛まつり」の意義について、聞き取り調査の資料をもとに、消費側および商人とも異なる、生産側における「赤」の象徴性を試論する。

第二節　生産地における赤の象徴性
　　——山形県西村山郡河北町谷地の「雛まつり」を中心に——

2.1　河北町谷地の基底文化——農耕暦と年中行事——

河北町の歴史と風土的特性

　山形県西村山郡河北町谷地は、山形県の中央部に位置し、周囲に月山、朝日岳を臨み、県内を縦断する最上川と寒河江川に囲まれた盆地地帯である（図9）。歴史的には、平安時代初期に同県山形盆地西部に位置する寒河江

図9　山形県西村山郡河北町谷地の地図

に、入部した大江広元[43]が領有したのが開発の始まりとされている。室町時代明徳年間（A.D.1390年）頃、中条秀長が入部し、六代にわたり谷地郷の開発に尽力した後、戦国時代には谷地城主、白鳥十郎長久（しらとりじゅうろうながひさ）により、本町として形成された。白鳥十郎長久は、織田信長に名馬「白雲雀」を贈り服従の意を示し、信長がその返礼として「紅五十斤」を下賜したことを示す書簡が、今日まで谷地の旧家に保存されている[44]。しかし、同時期に山形城を拠点に勢力を築いた最上義光（もがみよしあき）に謀殺され、以後、谷地城は最上家の統治下に入ったのである。最上家の改易後、北部は戸沢藩領、中部以南は幕領山形藩領となり、明治時代の行政区改正により、西里村、谷地村、北谷地村、溝延村が誕生したが、昭和29年に町村合併により「河北町」が生まれることとなった。

　河北町は、その立地により早くから水田開発が行なわれ、江戸時代は「庄内米」を始め、ベニバナ、大豆、青苧などの畑作地に開墾され、当時の税政の「本途小物成」（「本途」という正税と、「小物成」という雑税、付加税の二重税制）において、農民は「本途」を年貢米で、「小物成」を「サンベ」や「花仕入宿」など加工業者に売却したベニバナの現金収入により支払っていた。このような農業に好適な風土により、換金性の高い農作物栽培がさかんであったことが、商業という新たな職種の形成を促進させたといえよう。いわゆる「紅花商人」とよばれた豪商の台頭である。この富裕な商人たちにより、栽培作物は商品作物として商品化され、商品化によって現金収入の機会が増えることで、それまでの自給自足が中心であった農民の生活を、購入消費生活へと変化させて行った。とはいえ、農業に適した風土である谷地における生活様式は、あくまでも、農耕作業に準じた年間予定である農耕暦（農耕カレンダー）が中心となっていたようである。わが国には、「毎年同じ暦時に同じ様式の習慣的な営みをくりかえされるような伝承的行事」[45]とされる年中（ねんちゅう）行事（ぎょうじ）があるが、農耕暦は、盆行事や節供などさまざまな行事とともに、民俗学的にも年中行事と関連することを指摘されており[46]、作物の豊作を願う春の予祝（よいわい）行事や、作物の豊作を感謝する秋の収穫行事といった年中行事は、

農耕暦で生活する人々にとって重要なものであった。例えば、卯月（4月）は旧暦では夏にあたり、農耕暦においては、田を耕す「田越し（＝タウナイ）」や「肥入れ」、「苗代種蒔き」など、本格的な農繁期を目前にした時期にあたる。4月の年中行事である「卯月八日（うづきようか）」は、仏教では釈迦の誕生日とされ、寺では「花御堂」を設け、誕生仏を安置し甘茶を注ぐ、いわゆる花祭として知られているが、霊山に登って花を摘み、また天上あるいは山上から神を迎えるために、花を立てて祭る風俗が近畿地方を中心に見られる。その他、「卯月八日に種まかず」[47]など、地域によって俗信の拘束力によってタブーを設ける習俗は全国的あるといわれ、これは、象徴的には「田の神」の降臨が理由とされ、実利的にはタブーを設けて、多忙な農繁期に向けて休息をとるものとして認識されている。同じように、旧暦9月では、春から農耕の従事し、育てた農作物が、秋になって収穫の時期を迎え、農耕暦に従う祝いや祭りが行なわれた。稲作を一例として刈り上げから脱穀調整の過程まででも、短期間に収穫作業を行なうため、大勢の人手を必要とした稲刈り作業が終わった段階で行なわれる「刈り上げの祝い」は、手伝いの人々への慰労の意味もある。さらに、刈り終わった稲を干して脱穀作業が行なわれた後、「抜き上げの祝い」があり、籾殻をはずす作業の後に「磨（す）り上げの祝い（庭上げ）」があり、すべての作業が終了すると「秋上げの祝い」が行なわれた。年中行事としては、旧暦10月初亥の日亥の刻に搗いた餅を食べ無病息災を願う「亥の子」（西日本）や、同じく旧暦10月10日に「田の神」が山に帰る「十日夜」（東日本）は、神と人との共食において、神への収穫の報告も兼ねた重要な農村行事となっている。このように、わが国の年中行事では、特に春と秋は、農耕暦に対応した年中行事を見ることができる。一方、旧暦6月は天候不順で物も腐りやすく、天災や疫病が流行りやすい季節では、全国的に呪術的な行事をみることができる。村境に「道切り縄」を張り、片足の大わらじやお札を下げたりするのも、他村から流行病が入ってくるのを防ぐために行なわれたものである。また、この時期に発生する害虫などもいわゆる「御（ご）

霊」の仕業と考え、「虫送り」といって、松明を掲げ、鉦や太鼓をたたきながら田の畔を廻り、村境に鎮送した。今日まで続く京都の祇園祭も、長刀鉾による注連縄切りや、独特な節回しを持つ鉦囃子など、もともと疫病などの原因とされた悪霊を退ける防災除疫を目的としており、祇園祭の最終日に、八坂神社に設けられた大茅の輪をくぐり祓い浄める、大祓の神事である「夏越祓」であることを意味している。このように、年中行事は春秋の予祝行事および収穫行事のみならず、夏冬における「御霊」を祭神として悪霊を祓う行事とがある。

河北町谷地の年中行事——風土と農耕暦——

　谷地では、現在9月におこなわれる谷地八幡宮の例祭である「どんがまつり」がある。例祭で町内巡演する「囃子屋台」での独自の笛太鼓や囃子や、屋台に化粧させた子どもを載せることも、京都・祇園祭の山や鉾を連想させるものと云われている[48]。河北町谷地は、江戸時代にベニバナをはじめ有益な商品作物を上方に輸出していたため、京都など上方文化の影響を多分に受けたとされているためである[49]。しかし、谷地の「囃子屋台」は、「到来の制」があり、行列につく順番や小路でのすれちがい、他の町内での披露の際などの厳しいしきたりで運営されていることからも、町内の秩序を目に見えるかたちで表す機能を有していると考えることができる。さらに、谷地八幡宮の例祭として「囃子屋台巡演」の他、「谷地舞楽奉奏」、「奴巡演」、「ごらんじょう参り」、「神輿渡御／還御」、「提灯屋台展示」、「夜遊の舞楽」、「豆奴巡演」、「奉納沢畑風祭太鼓」、「提灯屋台・芸能パレード・囃子屋台競演」、「奉納献茶式」など、舞楽奉納をはじめ、芸能披露および奉納的なものが多く、年中行事の視座からは、防災除疫や祓えという性質よりも、神との共食、さらには、町内の人々との親交を目的とした祭りであると見ることができよう。一方、京都の祇園祭と同じ防災除疫を目的とした年中行事としては、「きゅうり天王祭」にみることができる。これは、現在の7月20日に行

なわれる、「キュウリテンノウサマ」と呼ばれる水神にきゅうりを供える祭りである。きゅうりは水神である「河童」の好物とされ、五穀豊穣を感謝し、さらに水難忌避を願い、子どもたちが初生りのきゅうり2本を川の支流にある小さな祠に供えた。さらにきゅうりを川に流すことで病中駆除を願ったとされる[50]。前者は、神の祟りを恐れ、神を喜ばせるために夏の収穫物を供える、いわゆる「神饌」であり、後者は、穢れを祓う形代を川に流すのと同様の、「祓い」であることがわかる。さらに、8月下旬に行なわれる「沢畑風祭太鼓」は、提灯屋台が南方と北方から二手に分かれ、中心である境内に向け巡行する。太鼓の音は、いわゆる「虫送り」とつながり、時期的に谷地では農耕生活の区切り目として、五穀豊穣と延命長寿を願い行なわれる祭りとされている。

　以上のことからも、江戸時代以降、紅花商人の登場から、農村生活も購入消費傾向に変化したとされ、さらには京都の文化が流入し、谷地の年中行事も多分に影響されたと云われているが、依然として、五穀豊穣や無病息災などを願う、農民主体の農耕暦にしたがった年中行事であったことが明らかになった。このことは、毎年4月2日、3日に行なわれ、「月後れの雛まつり」と俗称される、谷地の雛まつりにも援用されよう。「月後れ」とは、新暦の月数を一ヵ月遅く読み取る方法がとられており、いわゆる「旧暦」のことである。農作業に従事する地域においては、月の満ち欠けである「太陰暦（旧暦）」や潮の満ち引き、雪溶けの形などで暦を知る「自然暦」のほうが実用的であった。当然、農耕中心であった河北町谷地の雛まつりや「きゅうり天王祭」が、各々旧暦3月の「三月節句」と6月の「水神祭」の年中行事と対応しており、今日まで継続している河北町谷地の年中行事は旧暦を採用されているのも、谷地の人々における生活基盤が農耕にあり、谷地の基底文化も農耕暦において形成されたことを示すものであるといえる。

2.2 河北町谷地の雛まつりにおける雛人形の意義

河北町谷地の雛文化

　菊池によると、谷地の雛文化形成の背景は、「(1) 江戸時代の元禄期を最盛期とする最上川舟運の発達、(2) 江戸後期から明治期にかけて、富裕者（有力商人）による京都産・江戸産の高価な雛人形の購入、(3) 衣裳雛の代用としての土人形（土雛）の普及、(4) 雛市（近郷のしめくくりの雛市）の発達」[51]をあげている。特に (2) の、いわゆる紅花商人が京都の「下り荷」として求めた雛人形が、谷地地方に集中してみられることについて、ベニバナの「主産地であり花買い場としての中心地として発展したことから、紅あるいは紅染に対する関心や憧れが比較的高い地域性が形成された」[52]としている。確かに、前節でも示した「紅（アカ）」の裏地が誇張されデフォルメされた「亨保雛」や、現在まで保存状態の良好な雛人形が多く現存し、また「谷地雛まつり」で見ることができるのも、谷地の人々にとって雛人形は、「オシラ神」のように手にし、遊ばせるといった、いわゆる「とりもの」としての人形や、各地方で行なわれた三月節句にみられる「山遊び」における外竃行事に雛人形を持ち出すものといった、手にし、触れるものでなく、あくまでも「見る」「見せる」ものであったと捉えられるのである。明和年間（A.D.1764～1772年）の雑交苦口記に、「是（雛）は亨保年中に御法度仰出される共、近年用いず、御制禁破れて、そろそろ大きく成たり。雛などは女子の持遊びゆへ、いかにもちいさくぢんぜう（尋常）に、かわゆらしくすべき事なるに、只大き成を勝にして」[53]とされ、雛人形は女の子どもが持ち遊びするものだから、小さいほうがよいとされていることからも、谷地に残る大型の雛人形は、女の子どもが遊ぶものではなく、「見る」/「見せる」ことを目的としていることが明らかになるのである。

　このような、谷地に現存する、大型の雛人形の特徴について、矢作春樹への聞き取り[54]においても確認することができた。矢作は、谷地に残る雛人形

が巨大なものが多い理由について、1．雛人形を購入した、いわゆる紅花商人の財力や権威を表すためであったこと、2．谷地の雛まつりの特徴である「オヒナミ」において、「見る」「見せる」ことによって、競争力が雛人形の巨大化を扇動したためと、二つの推論をたてている。「下り荷」として大量の雛人形が流入してきた江戸時代、1の理由については、地方であった河北町谷地において、ベニバナの生産者であったが、紅染めの色には無縁であったという背景に加え、当時の消費地においても、江戸時代に発布された幕府による奢侈禁止令から、庶民には紅染めの衣装は着用も勿論、「買うにもおっかなびっくりで、もし購入したとしても一般に公開することもできないものであった」（矢作）が、当時、奢侈禁止令が出されていたにも拘わらず、消費地である京都では、室町時代から「小袖」という新たな服飾形式の登場とともに、それらを構成する西陣織などの織地、友禅染など染色技術や刺繍技術など、工芸的染織技術が目覚ましく発達した時期であった。谷地の商人達が、美しい裂地を「下り荷」として持ち帰ったとしても、それらを着用する機会や、公開する機会もほとんどないに等しかったのだが、一方では、純粋に「美しい」裂地を、「見せたい」と考えたのであろう、「人形」であり工芸品ということから、豪奢な裂地を身に纏うことができた「雛人形」の衣裳に着目したのである。その上、巨大な雛人形であれば、雛人形の衣裳に使用された裂地の面積も分量も大きくなるとし、段々に巨大化していったのであろうと矢作は語っている。

　次に、矢作の言う2では、「オヒナミ」（※2.3で詳述する）における巨大な雛人形の意義についてみてみよう。特に「亨保雛」は、現在のような壇飾りではなく、床の間に男雛と女雛を対にして飾るものであったが、「古今雛」は、男雛・女雛に加え、随身、五人囃子、官女による雛壇飾りとなったため、内裏雛の視線が下がり気味となっているとし、「見る」人と視線が合うようになっていると指摘し、矢作は「視線が合う、ということは親しみを込めて眼差しを交わすことができることは、自己移入しやすく、それは一種の

『祓いの変形』といえる」との見解を示していた。一方、床の間に飾るものであった「亨保雛」は、眼差しはまっすぐで、指も細長く誇張され、矢作曰く「（雛壇の上段に飾られた亨保雛の）視線の合わない表情には、一種の威圧と神々しさを与え、さらに長い指は、後漢の仙女『まこ（麻姑・摩姑）』の指（実際には長く鳥に似た爪）を想像させ、いわゆる手の届かないところを掻くのに用いる「マゴの手」のように、雛人形を祀る人間にとって『思うところに手が届く』、つまり『自分の思い通りになる・望みが叶う』といった、幸せを呼ぶことから、祈りの対象になった」と、谷地における「雛人形」が、祈願の対象である「偶像」と化していく契機を示していた。今日の谷地の雛まつりにおいても、天井にまで届きそうな巨大な雛壇を設置し、最上段には、大きな「亨保雛」や「次郎左衛門雛」などが飾られていた。このように、谷地において巨大な雛人形が好まれた理由は、「見る」／「見せる」の構図において求められたことがわかるのである。
　このように、当初は、消費側の嗜好であり、当地の風俗に多分に影響され商品価値化されたものと、雛人形の衣裳にふんだんに使われた、豪奢な金襴地や西陣織地などに加え、「赤」染め裂地をベニバナによる「紅」染めとし、価値を見出した商人のものと、そうした豪奢な雛人形を「見る」機会（「オヒナミ」）から、谷地の人々によって新たに偶像化された雛人形は、全て異なる価値を有している。一方では、生産側の谷地の人々に対置され祈り願う、素朴な信仰心における対象となった雛人形と、本来は依代であり、さらには祓種であり、人形といった呪具的機能をもつ、消費地における雛人形とは、人々の「信仰心」という意味で、共通点を有している。しかし、各々の風土における基底文化の差異から、信仰する対象や、憧憬の対象は異なってくるのである。谷地の雛まつりにおける雛人形の意義は、雛人形を「見る」／「見せる」といった「オヒナミ」の風習において、消費地とは異なる装置となったのではなかろうか。

2.3　河北町谷地の雛まつり――「オヒナミ」と「ゴンゴサン」――

年中行事における雛まつりの意義

　年中行事における三月節句は、「上巳節句」や「桃の節句」、「雛まつり」と呼ばれ、特に雛人形を飾り女児の成長を祝うといった、現在の形式になったのは、上流社会や都市部では江戸時代とされ、農山漁村にまで普及したのは近代になってからとされている。そもそも、形代である「人形(ひとがた)」に息を吹き掛け身体を撫でたりしたあと、水辺の祓いをおこなったり、地方によっては、「家にいるのが忌まれる日」であったことから、重箱に馳走をつめて婦女子が海や山へ出かけたり、臨時の竈を築き煮炊きをし共同飲食を行なうといった「山磯遊び（山遊び、磯遊び）」という野外行事が全国的に流布している。長野県佐久郡川上村の「カンナベエ」や、同県下伊那郡の「サンガツバ」、岩手県上閉伊郡の「カマコヤキ」など、子ども達が集団となって河原で外竈をする行事であり、埼玉県秩父郡皆野町でも子ども組が外竈をし、屋外に雛人形を持ち出し、共食する行事がおこなわれていた[55]。静岡県小笠郡大須賀町や、同富士川町木島、愛知県新城市大海地区なども、女児が雛人形と外で共食し遊ぶ行事として伝えられており、都市周辺部では、磯遊びが「潮干狩」に発展し、一方の山遊びが「花見」の成立を促したといわれている[56]。このように、三月節句は、地域によって様々であり、各々の土地や風土、またその生活をつくる基底文化によって異なっているのである。『日本民俗地図Ⅰ　年中行事』（文化庁編　国土地理協会／1972年）では、昭和37年から39年にかけて47都道府県1342ヵ所で、三月節句行事内容について実施状況調査がされ、雛（土雛・雛天神・押し絵雛・雛掛軸・紙雛を含む）を飾る地域は調査地区の30％で、対して「餅・よもぎ餅・草餅をつくる」は45％に相当するとしている[57]。山遊びや磯遊びをする地域は4％にも満たなかったが、11項目にも分かれた三月節句は、それぞれの地域性を色濃く反映した節日の行事として受け入れられていたことがわかるのである。

昭和36年（A.D.1961年）以来、谷地においては4月2日、3日の二日間を「雛市」、「雛まつり」としており、今日に至っている。平成8年（A.D.1996年）から、県内の村山地域14市町で組織する蔵王・月山朝日観光協議会による「雛のみち」の広域観光キャンペーンが展開され、各資料館や旧家をはじめ、市町にのこる雛人形および雛飾りを公開しており、今日の「谷地の雛まつり」もその一つとして認識されている。しかし、谷地における「雛市」の歴史は古く、およそ400年前に谷地城主白鳥十郎長久により、毎月18日に市が開かれ、さらに、北口六斎とよばれる2日と6日の市が立ち、旧暦3月2日の市には、一般用品の他、節句の食材や用品、雛人形、人形、だるま、玩具、髪飾りなどが売られ、「節句市」「雛市」と呼ばれるようになったとされている。特に、谷地の「雛市」は、尾花沢、大石田、楯岡、東根、左沢、中山といった村山地方の近郷を巡回する行商の最後の市であったことから、「叩き売るが如く」様々な物品や商品が交換され、一層賑わったといわれている[58]。このことは、河北町谷地に立つ「雛市」が、当地の雛まつりにおいて、雛人形[59]をはじめ、様々な物品を交換する場となっていたことを示している。しかし、「雛市」では雛人形だけでなく、節句用の食材や用品が買い求められたことに注目したい。それは、雛まつりの印象および記憶の聞き取り調査のなかで、複数の調査対象者から「オヒナミ」における「雛料理」という「ハレの食」と雛まつりが結合していることが浮かび上がったためである。節日の供御である節供は、神への供え物であり、それを共食することによって邪気を祓い、無病息災、防災除厄を祈願したものであった。民俗学的には節供など様々な行事の意義は、日常を意味する「ケ」で衰えた生命力を、非日常を表す「ハレ」で回復し、「ハレ」と「ケ」の循環を促進するものと捉えられている[60]。つまり、先に示したように、本来的に谷地の雛まつりは、農耕を生業とした人々を主体とした年中行事の一つであることからも、雛人形を飾ること以上に、「まつり」において社会的秩序を解体し、再構築するといった「ハレ」と「ケ」の循環における社会機能の促進を目的と

し、さらに「ハレの食」を供食する節供の意義が強かったのではなかろうかと考え、平成15年（2003年）3月27日から4月3日まで、「谷地の雛まつりおよび雛人形にみる『赤』の意義」についての実地調査の際、ａ．谷地八幡宮宮司で林家舞楽79代目にあたる林重見（男）、ｂ．谷地有数の旧家である細谷巖家の細谷大作（男）、ｃ．元河北中学校校長、紅花資料館専門員の方言研究家である矢作春樹夫妻（男・女）、ｄ．まるご旅館（谷地甲25）を経営する吉田久男・紀子夫妻（男・女）による、4件（内、男性4名、女性2名）から、それぞれの雛まつりの記憶や印象について聞き取りをし、それをもとに再構成し、まず、谷地の雛まつりの特徴である「オヒナミ」について、「ゴンゴサン」をキー概念に浮かび上がらせ、谷地の社会的背景における「オヒナミ」の装置としての意義を探ることにした。さらには「オヒナミ」における「雛膳」（雛料理）と、谷地における「春」の概念ついて、考察を試みる。

「谷地の雛まつりおよび雛人形にみる『赤』の意義」の聞き取り調査

　「オヒナミ」とは、4月2日と3日におこなわれる谷地の月後れの雛まつりにおいて、特に「旧家」と称される、谷地における富裕で有力な家柄に、代々継承されてきた数々の雛人形を、家の中でも、床の間が設えられた主賓室や、「蔵座敷」とよばれる格の高い部屋に、天井まで届く程の大きな雛壇を設え飾り、期間中、雛人形を公開し、家を開放したことを指す。おおよそ小学校2〜3年生の児童が2、3人の友達どうしで、雛人形を飾ってある家々を訪ね歩き、お菓子やお寿司などを振舞われるというものであったという。

「オヒナミ」についての聞き取り――谷地における匿名教育の場――

　2003年3月27日、国井嵩一宅にて、林重見への聞き取りでは、まず「まつり」の意義は、「子どもが社会とつながる機会」ととらえている。それは、「オヒナミ」という他家を訪れることによって、失礼のないように身を清め、

行儀や礼節を学ぶ、一種の教育の場であったというのである。例えば、「オヒナミ」において、「見る」側の子どもと「見せる」側の大人との間に常套句があった。

　　子ども「こんにつわぁー、おひなみひぇてきりゃっさいっすぅー」
　　　　　（こんにちは、お雛様見せて下さいな）
　　大人　「こっちてどうぞぉー」
　　　　　（上がって下さい）
　　子ども「まいねんのことだけっど、こちらのしえいぃおひなさまだなっすぅー」
　　　　　（毎年の事ですが、こちらのは良いお雛様ですね）
　　大人　「まずまず　こちさ、うちでつくったすすいだけど、たべてきなっさっすぅー」
　　　　　（どうぞどうぞこちらへ、うちで作ったお寿司を召し上がって下さい）
　　子ども「けっこうなおすすいだなっすぅー」
　　　　　（美味しいお寿司ですね）

　こうした言葉の「型」によって、子どもは大人と対等に会話をし、大人の世界に入れてもらうことができたのである。「まつり」の時は、貧富といった家柄や年齢といった差異から解放されたといえよう。これは谷地の雛まつりにおける「オヒナミ」が、「ハレ」の持つ「解放的」[61]な意義を多分に有していることがわかるのである。

　一方で、こうした「まつり」において、大人は子どもをほめることで、大人社会の規則を教えているとしている。例えば幼児に対して、「おじゃんこして」（お座りしなさい）と促し、「お雛様を拝見するために、座らなくてはならない」という礼儀作法を教え、それができた幼児に対し「めんごちゃん」「めんごだよー」（いいこ）と褒めるのである（林）。こうした優しさも、また「ハレ」の持つ「女性原理的」[62]と捉えることができる。このような「匿名の教育」[63]は、谷地の風土的条件から育まれた農耕暦という時間概念に

おいて、はじめて意義のあるものといえよう。ところで、谷地における「女性原理的」とは一体どのようなものを意味していたのであろうか。林によると、谷地には、「谷地おとこに寒河江おんな」という言葉があるそうだ。この「谷地おとこ」とは、江戸時代、上方との交易によって財力をもった、いわゆる紅花商人のことを指しているという。上方だけでなく江戸の紅花問屋と取引をし大金を手に入れ、吉原遊廓では「最上衆なら粗末にならぬ、敷いて寝るよな札くれる」と唄われるほど、その大金による郭遊びも派手なものであったとされている[64]。林も「『(谷地おとこは)宵越しの金はつかわない』といわれたほど、羽振りがよいことで有名だった」と、いわゆる「紅花大尽」の「大尽」の由来も、その羽振りのよさにあると述べている。一方、谷地の女性については、「意志が強く、謙虚である。京文化という異文化に対しての理解があり、歴史的なもの、伝統的なものを残そうとする意志をもっている。(谷地おとこは谷地の) 女性あってこそ、立てられてきた」とし、良妻賢母で、舅や姑から子どもの面倒を見、使用人をかかえていた大きな商家における陰の力をもつ、さらには旦那の郭遊びにも寛容で忍耐力のある女性像は、男性のみならず、谷地の女性からも「ゴンゴサマ」を象徴とする憧れの存在となっていったという。「ゴンゴサマ」は、戦国時代の谷地城主であった白鳥十郎長久の妻のことで、白鳥十郎長久が最上義光に謀殺された後も当地に残った妻は、毎日米五合を奉り弔ったという伝承から名付けられた。すなわち「米五合」の「ゴゴウサマ」が、谷地の方言で「ゴンゴサマ」と呼ばれ、「お金持ちの未亡人」を意味することとなった。ここに、林の言う「女性あってこそ、立てられてきた(谷地おとこ)」の原形がある。「オヒナミ」においても、例えば「ようこそござらしたなっすぅー　まずまずおあがりなさしてくなんしょっすぅー(ようこそいらっしゃいました　先ずはお上がり下さいませ)」、「いつはいけんしても、けっこうなおひなさまであんすなっすぅー(いつ拝見しても結構なお雛様でございます)」といった、いわゆる「ゴンゴサマコトバ」が使われる場面も多くあったと言われている。伝承の形であ

れ、谷地の社会的背景で理想とされた男性像および女性像があったことは、本来の雛まつりである、女の子どもの成長を祝い願う素朴なものが、「ハレ」によって、谷地の社会機能および構造が解体されながらも、「オヒナミ」における旧家の妻─「ゴンゴサマ」という理想の女性像─への憧憬も同時に形成されていったことがわかるのである。つまり、「オヒナミ」という雛人形を「見る」ことを通して、谷地の風土に適した、間接的な「女性教育」の場となっていたと捉えることができよう。

旧家における雛まつりの意義

　一方、代々続く「旧家」の細谷大作にとっての雛まつりとは、どのような意義があったのであろうか。2003年3月31日に訪ねた細谷家の雛飾りは、大きな庭に面した部屋に、幅およそ4～5m、高さおよそ2mもの大きさの雛壇に、18世紀のものとされる大型の亨保雛や、有職雅楽器をもつ五人囃子、下壇には、機巧人形や御所人形など多数の人形が飾られていた。壇の下にも市松人形や、細谷家の女の子どもが遊んだと思われる人形達も多く飾られていた。さらに細谷家の重厚な造りの蔵座敷に通され、聞き取りを行なった。細谷は、「一般的に谷地商人が富裕で有力になったのは、ベニバナ交易によるものと思われているが、実際には大豆や青苧の交易が多く、それに比べるとベニバナは少ない方であったといえる」とし、「そもそも旧家は、ベニバナによって成り上がったというよりも、主家業が醤油屋や繰綿、太物卸（呉服屋のこと）、銀行頭取など、もともと大きな商売を行なっていたものが、地方のベニバナも扱っただけのことであるらしい。こうした有力商人は、山寺芭蕉記念館収蔵の『紅花屛風』（青山永耕筆）に描かれた北前船の帆に描かれた家紋から推測することができる」と述べている。さらに、「雛人形は、陶磁器など不安定な帰り荷（下り荷）の緩衝剤」として持ち帰られたとし、聞き取りを行なう中で、谷地の旧家の人々にとっては、ベニバナによって財を成したとされることは、不本意であるように思われ、また、雛人形について

も、矢作や林の見解にあるような、雛人形に「紅」や「京文化」への憧憬を重ね見るという意義を持っていないように捉えられた。さらに、「オヒナミ」について尋ねると、雛まつりの当日（4月2日、3日）、家が公開されたが、旧家の旦那や奥方は出てこないもので、お手伝いさんが来客の対応をしたという。また、旧家が開放されるのは、「4月の雛まつりだけでなく、9月（旧暦8月15日）の「芋名月」では、里芋やずいき、月見団子を飾り、や10月（旧暦9月13日）の「豆名月」では枝豆や栗などを供え、12月の鎮火祭「オサイトウ（柴灯）」などの年中行事があり、「オサイトウ」の時は、熱い赤飯を炊いて配り、子ども達が並んだ」とのことである。この「豆名月」や「芋名月」は、京都の北野天満宮の「名月祭」を踏襲しており、雛人形による間接的な京文化の流入よりも、直接的な文化の流入があったことが想像される。雛まつりの思い出について尋ねると、細谷は「（たくさんの雛人形を多くの人手で）飾り終わると、その華やかさから『春』という印象があった」こと、また、小学校6年生までは、雛飾りの前で、雛人形の調度である小さなお膳で「雛膳」をいただいたそうである。その時は、「ほんの一口で、物足りないなと思っていた」そうである。こうした雛飾りの前でお膳をいただくことは、あたかも「ひひな遊び」を彷彿とさせ、同じ谷地であっても、「見る」雛人形ではなく、一緒に供食し、春（の神）を迎え「遊ぶ」ための雛人形であるということからも、消費地である京都および畿内の公卿および武家の雛まつりに近似であったことがわかるのである。

雛まつりの記憶――戦中・戦後から昭和26年以降――

　2003年3月29日に行なった、吉田久男への聞き取りによると、「本来、谷地の雛まつりは、女の子どもの健やかな成長を願い、祝っておこなわれるもので、女の子が生まれると、母方の実家より、まず内裏雛一対が贈られる。次の年は、子どもの両親もしくは母方の実家より、三人官女など、年々『雛市』で買い揃え、増やしていった」ものであり、三月節供では、「富裕な旧

家では代々続く雛人形を、貧しい家では雛絵など、種類は違うが、どの家も雛人形を飾り、雛まつりの時に公開した。子ども達は、各家々を廻り、お雛様を見せていただくかわりに、お菓子をもらった。お菓子を楽しみに袋を持って家々を廻った」ことから、谷地における雛まつりは、日常（ケ）では、貧富の差により閉鎖されている町を、解放する役割も果たしていたと述べている。吉田久男と紀子が経営する「まるご旅館」は、戦前は絹製糸業を行なっており、工場の他、30人程の女工が寝泊まりする寮も兼ねていたが、戦中に維持できず、現在の旅館一本に変わったとのことである。まるご旅館は、宿泊客室のある建物と内部でつながっている蔵を有しており、蔵の一階部分は「蔵座敷」となっていた。谷地から少し離れた西川町から昭和26年頃に嫁入りした紀子は、「（雛まつりが）年に一度ということもあり、蔵の一番奥の方に仕舞われていることが多く、特に大型で、たくさんの雛人形の出し入れはたいへんであった。旧家では、雛人形の出し入れに大勢のお手伝いさんが当たっていたが、現在はそうした人手もなく、出し入れに時間もお金もかかるため、普通の家ではやらなくなってしまった」と語る。特に、仕舞う時は、雛人形を一体毎に綿にくるみ、防虫のため「黄紙」で覆う作業があり、出すより数倍時間がかかったという。まるご旅館の蔵座敷にも、一対の亨保雛が飾ってあったが、その他の多数の雛人形は、蔵に仕舞われたままであるとのことである。蔵座敷から蔵へ上がる階段を拝見させてもらったが、急勾配で、雛人形の入った大きな箱を出し入れすることが難儀なことが想像された。「オヒナミ」については、女の子ども達は、晴着を纏い、数人で他家を巡回したという。

　吉田紀子とほぼ同年代と思われる矢作春樹の婦人は、2003年3月31日の聞き取りにおいて、自らの子ども期における「オヒナミ」での記憶を語ってくれた。彼女は、西村山郡白岩村（現在の寒河江市）出身で、谷地よりもさらに農業に従事するものが多く、明治時代初期まではベニバナの栽培が盛んで、過去にはベニバナの収穫祭があったことを語り継がれていたらしい。しか

し、明治10年（A.D. 1878年）以降は、明治時代初期、政府および県のとった「産業振興政策」で、外国貿易に重点をおいた生糸や茶の増産を目的とした新産業が定着し、畑一反につき約50本の桑樹が植林され、桑畑は、34町3反5畝歩分（およそ10300坪＝3375㌃）におよび、あっという間に桑畑だらけになったという。それまでのベニバナ畑はほとんど桑畑に転化し、また養蚕がさかんとなり、家族は一年中働いていた記憶があると述べている。そのような日常において、雛まつりは「農作業を休む日」といった意味からも、特別なものであった。例外なく「オヒナミ」で各家々を廻ったが、巨大な「亨保雛」は雛壇の高いところにあり、よく見えなかったせいもあるが、恐ろしく感じられ、美しいという印象はなかった。それよりも、雛壇の下に飾られた、沢山の土人形や小さな抱き人形のほうに興味が合ったことを覚えている。子どもにとって、立派な雛人形の装束から、上方での生活などは想像できるものでなく、それよりも、身近な人形を見て、想像を膨らませたと語ってくれた。

　以上の聞き取り調査から、谷地の人々にとっての雛まつりの意義を、次のように捉えることができる。

(1) 雛まつりにおいて、雛人形を「見る」／「見せる」ことにより、家々を開放することで、年齢や家柄といった社会を構成している差異性が解放されることから、日常である「ケ」で衰えた生命力を、非日常を表す「ハレ」で回復し、「ハレ」と「ケ」の循環を促進するといった、本来的な「まつり」の意義を果たしている。

(2) 谷地の子ども達にとって「オヒナミ」は、谷地の成員となるための「匿名の教育」の場として機能していた。

(3) 一方で、子どもにとっては雛壇の下の抱き人形や、土雛などに親しみを感じており、雛人形から上方の生活や文化を想像することは難しく、また農業を生業としている場合は、雛まつりが「農作業を休む（休める）日」となった特別な日であったこと、「オヒナミ」そのものが、雛人形

を見るよりも、他家を廻り菓子などをもらえるといった、「楽しみ」であった。
(4) 旧家における雛まつりは、「オヒナミ」にみる社会的装置というよりも、代々継がれる雛人形を蔵から出し、飾り付けをすることや、雛人形の調度品である小さなお膳で「雛膳」をいただくといった、京都における「ひひな遊び」と近似にあり、「見る」/「見せる」といった「オヒナミ」における (1) や (2) といった社会性への参入と解体といったものとは異なるものである。

以上の4点から、当初、ベニバナ交易で財を成した富裕な商人によってもたらされた雛人形から、「京都など上方文化への憧憬」が谷地の雛まつりを形成したのではないかと予想して聞き取り調査を始めたが、しかし、これらの聞き取りを再構成すると、谷地内部からみる「雛まつり」は、そもそもの三月節句としての意義に加え、谷地の社会的背景と連動しながら、谷地の成員としての位置取りを形成する装置となっていることが見えてくるのである。

2.4 「雛膳」にみる「春告げまつり」と「ハナ」
―― 谷地雛まつりにみる春と女性の同一視 ――

「雛膳」についての聞き取り ―― 食材と構成 ――

毎年4月2日、3日に立つ「雛市」では、「雛膳」用の食材が売り出され、各家々で節句料理が作られた。「雛膳」に見られる食材は、河北町谷地において日常的なものでなく、その非日常性からも「ハレの食」であることは明らかであり、各々の食材は、谷地という風土において意味をもつものである。「雛膳」の構成および食材は、次の通りである[65]。

1. 魚：「カド」（東北と北海道の方言による鰊のこと）、当時、鰊を生魚で食べることができた地域は東北地方だけで、東北以西では、身欠き鰊や数の子といった乾物を調理し食した。谷地雛まつりの雛膳では、地の

利をいかし生のまま、頭を左に「腹合わせ」にして供えた。供食するときは焼き魚とした。「カド」は別名「春告げ魚」とよばれている。

2．煮染め：昆布巻き鰊（くわい）と慈姑、この鰊は乾物であり、北海道からの干物である。他に「カラエイ」と呼ばれる海鷂魚（エイ）のヒレの乾物を長時間煮込み、煮凝り状の煮物もある。慈姑は「芽が出る」といった意味をもつ。

3．合い物：「ツブ」（田螺（たにし））と浅葱（アサツキ）の酢みそ和え、ツブは巻貝のことであるが、内陸におけるツブといえば田でとれる田螺のみで、谷地における「貝」となった。浅葱（アサツキ）は、矢作によると、古代ではユリ科で臭いの強いものを「葱（キ）」といっており、ネギとともに古くからある野菜である。その臭いから邪気を祓うことができると考えられた。

4．皿もの：「トコロ」（野老）、生のまま、姿で供えたり、茹でて少しだけかじるなどした。野老は、山野でとれるヤマイモ科の蔓性多年草の球根。非常に苦味があり、そのため生薬に使用される。「薬」として、またその苦味から邪気を祓うものとして雛膳に加えられた。

5．平：とろろ昆布に殻付の鶏卵を二個、鳥の巣に見立て、子孫繁栄を願う。

6．小皿：「エゴ」とよばれる海草を煮込んだものに、酢みそをおく。

7．吸物：「ニラタマ」、春野菜である韮（にら）も、浅葱と同じく強い臭いで邪気を祓う。

8．寿司：岩海苔の巻寿司。長いまま御供えし、「オヒナミ」に来た人に、切って差し上げるもの。

9．菓子：「菱餅」もしくは五色の「アンピン餅」、アン・ピンとは、「餡餅」の唐音といわれ（矢作）、古くから伝わっていたとされている。上皮の中央を彩り（赤はもろこし、黄は支子、緑は蓬）で着色し、五行の「五色」であるが、ならべる順番はとくに決まっていない。「ヒナ

アラレ」、豆を黒砂糖でまぶした「サトマメ」と、正月の「ダンゴギ」（うるち米を団子状にして木に刺した飾り物）が乾燥して下に落ちたものを集めておき、「バクダン（ポップコーンのように弾けさせたもの）」にしたものが混じっている。

以上より、「雛膳」の特徴を次のように考察することができる。

(1)「鰊（カド）」は、3月から4月にかけて産卵のため、北海道から東北地方の浅所に回遊する。鰊の生魚を供え食することは、春の到来を意味し、ある種の「自然暦」（山の残雪模様や植物の開花時期を農事の目安とする暦）として機能している。

(2)「浅葱」や「韮」や「野老（トコロ）」といった、臭気が強いものや苦味が強いものなどを、悪霊や邪気を祓うといった呪術的な根拠により供える。

(3)「カラエイ」や鰊の乾物などは、「北前船」が北海道の特産物を搭載し、それぞれの寄港地で商売をおこなったものの一つであり、地元の食材ではないため、非日常的な食材であるといえる。さらに、「カラエイ」や「昆布巻」など煮物は、多くの時間を必要とするが、料理に手間と時間をかけることができるのも、非日常を意味する「ハレ」における供え物であることを示している。

(4) 着色された「アンピン餅」は、中国少数民族である壮族（中国広西壮族自治区）の祭日である旧暦3月3日の歌掛け（歌垣）祭に支給される伝統食である「五色に染め上げられたオコワ」[66]と近似しており、「おこわ」は民俗学的には「めでたいとき、はげしい労働のときなどに食べる。（中略）赤飯を『おこわ』と呼ぶ所が多い」[67]ことからも、糯米に小豆、蓬やクチナシなどで彩色された食べ物は、「ハレ」の供物として重要なものであったことがわかる。中国における上巳の節句では、「龍舌米半」と呼ばれる鼠麹（別名ネズミモチ。あるいは春の七草にいう「ごぎょう」）の汁を混ぜ入れた餅を食して、邪気を祓ったとされている[68]。さらに中村は、餅などに草汁で青みをつけるのは、五行の春を表すとも言

及している[69]。

ハレにおける女性原理

　そもそも祭りの供物は、「神との共食」が前提であり、民俗学においては、鳥や鼠、人間の子どもが神饌を食することは、「神の嘉納」を意味し、その後、神饌の「お下がり」をいただくことは、日常で衰えた生命力を非日常の食や行為をもって再生させることを目的としている。延喜式祝詞においても、「御酒は甕の上高知り、甕の腹満て双べて、米にもかひにも、山に住む物は、毛の和物、毛の荒物、大野の原に生ふる物は、甘菜・辛菜、青海の原に住む物は、鰭の広物・鰭の狭物、奥つ海菜・辺つ海菜」にいたるまで清らかに捧げるものであったが、「風土環境や祭りの季節によっておのずから制約、偏差を生じる。(中略)地域ごとに特徴的な神供が、古来の祭りに豊かな彩りを添えてきた」[70]と、「ハレの食」は各々の地域の風土により形成されてきたと指摘している。谷地の雛まつりにおける「雛膳」は、「春」を告げる食物や、臭気の強い野草や、さらに彩色した食物を供えること――特に東北地方の谷地において、食物を彩った「色」については、雪深く彩りの少ない、寒い冬から、彩り豊かな春の訪れを象徴するものであったと想像される――は、「春の言祝ぎ」と捉えることができる。さらに、林重見は、「『雛膳』は、春の祝いであることを表しており、春にとれる山のもの、海のものを用い、春への感謝を示すものである。また、女性の祝いであることより、雛人形の紅や金襴の輝かしさや、天冠の豪華さといった、『艶やかさ』や『やさしさ』は、(「ゴンゴサマ」といった理想の)女性を想像させ、またそれらは春の訪れに近似している。『雛膳』を通して春への感謝の意を示すのは、転じて女性への感謝の意でもある」と述べ、女性と春を同一視していることが、特に注目される。よって、谷地の雛まつりにおける「雛膳」は、その食材から非日常である「ハレ」を表し、神饌として供えられた後、共食することで、日常の「ケ」を打破し、新たな活力を身体に呼び込む意義を有してお

り、谷地の雛まつりでは、女の子どものみならず、老若男女が各家々の「雛膳」を食する日となっている。このことは、谷地のひな祭りが、従来の女の子どもの成長を願い祝うといった三月節句の意義だけでなく、寒く厳しい冬が明ける、「春告げまつり」の意義が色濃くうかがえることを裏付けるものである。さらに、先にみてきたように、谷地のひなまつりにおける「オヒナミ」は、「匿名の教育」の場となり、また、「ゴンゴサマ」を一つの理想像とした、谷地の風土に適する「女性の教育」の場となっていた。さらに、手間と時間が必要な「雛膳」を調理することにも、良妻賢母といった理想の女性性への暗黙の教育を見ることができるのである。林のいうところの「春への感謝の意は、転じて女性への感謝の意」となるのも、そもそも、谷地の雛つりは「春告げまつり」であることと、民俗学的見地における「まつり」と同義である「ハレ」における「女性原理的」(高崎, 1976) が結びついたことも、春と女性の同一視が生じた一因考えられよう。

ハナの象徴性――色とハルと女性性――

以上の聞き取りを中心とした資料調査と考察から、谷地の人々における雛人形の意義は、紅花商人たちが透かし見たという「京文化」への憧憬や、ベニバナの「紅（アカ）」といった意義と異なったのではないかと思われる。例えば、谷地の人々にとって、「紅花」を色名である「ベ̇ニ̇バ̇ナ̇」ではなく、単に「ハナ」とよび、「紅餅」も「ベニモチ」ではなく「ハナモチ」と称することについて、上方で化粧料ベニや染色色材として用いられた「（京文化の）はなやかさ」を象徴する「ハナ」でもあったが、それ以上に、「岬」と「化」の形声文字である「花」――種から芽が出て、葉や茎から花が咲くといった、植物が高次の状態へと「変容」を遂げる――といった、植物の本質における認識によるものと思われるのである。それは、生産地の農民が消費地に対して無知であったのではなく、農耕暦に準じた生業を営む、農民の自然現象における色彩観による認識であったといえよう。つまり、生産者である谷地の人々

にとって雛人形とは、厳寒の冬から暖かな春への「変容」を象徴するものであり、自然および風土に由来する色彩観とむすびつき、特に雛人形の「赤」は、自然が「変容」する色彩豊かな「春」とむすびつけられたと捉えることができる。

　雛人形（特に「亨保雛」）の緋袴や、重ねられた襟元や袖口、裾などに顕著な「赤」に、ベニバナによる「紅」を捉えたとする商人と、植物の変容における「花」や、自然の変容により呈する「色」を捉えたとする農民との間の微妙な離齬が生じており、生産側内部でも、「赤」における象徴性の分化が認められるのである。

第三節　まとめ

　最上地方において、ベニバナ栽培に従事する農民たちにより口承されてきた「花摘唄」は、大正15年の東北連合博覧会で、「紅花花摘唄」としてまとめられた。歌詞は以下の通りである。
　　「千歳山からナー　紅花(こうか)の種　蒔いたヨー　（アシャンシャン）
　　そんで山形　花だらけ　（サァサツマシャレツマシャレ）
　　（中略）
　　咲いた花よりナー　見る花よりもヨー　（アシャンシャン）
　　摘んで楽しむ　花の唄　（サァサツマシャレツマシャレ）
　　おらも行きたやナー　あの青馬(あお)にのってヨー　（アシャンシャン）
　　紅の供して　都まで　（サァサツマシャレツマシャレ）」（『山形民謡の旅』創土社／1982年）

　一方、寒河江市を挟み、河北町と隣接する西村山郡大江町には、「嬶唄」とよばれる民謡の一節が伝えられている。これは、囃子言葉の「カカ、カカ」より「嬶節(カカブシ)」ともよばれ、数え唄のようにして、西村山郡一帯の年中行事を歌詞に盛り込んだものである。

「(中略) 花の三月　エーエー

　かが　ひなの祭りで酒のんで

　トド　トックリひとりして（後略）」（『山形民謡の旅』創土社／1982年）

　『山形民謡の旅』の解説によると、「山形近在の『植野村覚』という古文書にも、幕末の頃に『かか節はやる』とあり、江戸時代末期に流行したとみられる」とされており、「嬶節」がはやった当時、最上地方一帯でベニバナ栽培がさかんであった時期と重なっているが、この唄に登場する「花」は、前者のようにベニバナを指しているものではない。以上の民謡からも、最上地方では二つの「花」があったことがわかる。

　「花」とは、草木に咲く花全般を指すだけでなく、わが国では、「特に、梅または桜の花」（『広辞苑』）を指し、その中でも、平安時代後期以降は桜を指すことから、『古今和歌集』や『新古今和歌集』などでは、「春」の季語となっている。一方、『古事記』や『万葉集』にも「花」は登場するが、桜のみならず椿や撫子、花橘などが詠われている。椿や橘は四季を通じて常緑であることから、上代において呪物とされていた。『古事記』や『万葉集』に、木の枝・葉・花や造花を「かざし（髻華）」として冠や髪にさす歌が多く見られるのも、それらの生命力や呪力を人間に感染させようとしたからである[71]。同じように、桜も民俗学的には、「さ」は田植と関係し、穀霊を意味するとされ、神の座を表す「くら」との複合語であることから、桜は、稲を守り、稲作の豊穣をもたらす神である「『田の神』の依り憑きます座」[72]という意味であるという。「田の神」は地域ごとに様々な呼称があるが、農耕暦に準じ生活を送る農民にとって、重要な神のひとつであり、農作業の折々に祀られた。桜だけでなく、木の枝や花を水口にさしたものや、小石なども依代とされたのである。平安時代後期以降、「花」は桜と限定し、「春」の季語となったのも、そもそも、花や草木の生命力に呪的な意義を見出した、上代のアニミズム的な信仰心が下敷きとなっていたことがうかがわれるのである。すでに述べたように、「嬶唄」の内容は、最上地方の年中行事を唄った

ものである。本章第二節でもみてきたように、最上地方西村山郡河北町谷地の年中行事は旧暦を採用しており、それは当地の生業を主体とした農耕暦に由来している。つまり、「嬥唄」にみられる「花」は、山から降りてきた「田の神」の依代であり、すなわち「春を告げる」象徴といえよう。

　一方で、最上地方におけるベニバナは、「最上紅花」や「紅餅」など、「ハナ」と称することについて、ベニバナを栽培する農民の視点における「花」への認識にあるとした。それは植物が高次の状態へと「変容」を遂げるといった、植物の本質としての認識である。このような「変容」を促す生命力とは、わが国のアニミズム的視座を形成する上で、重要な契機となったのである。人間は、「変容」における自然の流動性に従うことで、自然の恩恵を受け、時に自然の脅威を受け入れてきた。つまり、農民における「花」とは、まさしく自然の生命力や恩恵を象徴するものであったといえよう。その背景には、根拠となる風土との密接な関係があり、そのような意味では、予示の「『田の神』の依代であり、春を告げる象徴」の花以前の根源的な「花」とみることもできる。しかし、ベニバナは、『万葉集』や『古今和歌集』で詠われた「花」とは異なり、人間と人間の連関である社会的背景を有し、人間の欲求における需要と供給の連関において栽培された「調」であり、「商品作物」であった。つまり、社会的ヘゲモニー争いにおいて、位置取りを確保した植物であったのである。特に、平安時代の垂直的なヒエラルヒーによる社会構造では、色材ベニバナは搾取の対象であり、「禁色」などさまざまなタブーにおいて、決して「色」が流出することはなかったのに対し、室町時代以降、「交換」を主軸とした「商業経済」を基盤とした社会構造において、それまでのヒエラルヒーを解体し、さらに江戸時代になると色材「ベニバナ」と色である「アカ（赤・紅）」が、「『下り荷』である『雛人形』」といった物を通して流通するようになったのである。このことは、特に抽象的な色が、多元的な象徴性を形成する要因となった。すなわち、色に関与する人間を形成する社会構造や自然風土の差異が、多元的な象徴性を形成し、そうし

た象徴性を付与された色を通して、「匿名の教育」をおこない、「美意識」を形成することで、新たな社会および文化の構造を創出するという、色における螺旋的構造が生じることとなったのである。

　平安時代、人間による社会的ヘゲモニー争いにおいて存在したベニバナの「赤」は、中心と周縁のヘゲモニーにより、化粧料や染料としての「色」として需要があった消費側に対して、生産側は供給するために栽培した「作物＝植物」であったことからも、中心と周縁において「色」を共有することはなかった。しかし、近世の商業経済を基盤とした社会では、「交換」という新たなシステムにより、「媒介物」を通して、消費地である中心と生産地である周縁で「色」を共有できるようになった。消費地と生産地の間接的存在である商人は、特に亨保雛といった「雛人形」の緋袴や、重ねられた襟元や袖口、裾などに顕著な「赤」を、ベニバナによる「紅」と捉えたため、雛人形にみられる「赤」と上方文化を結び付けて生産側に移入した。しかし、周縁に位置する生産側では雛人形にみられる「赤」を、農耕暦など風土に適応したアニミズム的思考により、季節の変化や植物の生育過程における事物や事象の「昇華」、すなわち「高次の変容」と結合したのである。特に「まつり」といった、日常を打破する「ハレ」の場において「赤」は重用されたのである。結果、「媒介物」である「雛人形」に、亨保雛や古今雛など、特に「赤」を多用したものが求められたのも、「春告げまつり」である「雛まつり」の「ハレ」を象徴する「赤」色を必要としたためであろう。「下り荷」に好まれた雛人形は、「東北地方の好みにあった、暗赤褐色（蘇芳色）の輸入裂」（池田）を用いたものであったことから、その色材は、決してベニバナである必然性はなかったことがわかる。

　本章で見てきた、生産側の「赤」は、その風土的背景によりアニミズム的な象徴性を醸成したが、しかし、色材の物性的象徴性を付与された原初的アニミズム的な「赤」とは異なるものである。つまり、生産側から供給された色材は、消費地から媒介物を経て、色として生産地に戻った時、色材と色は

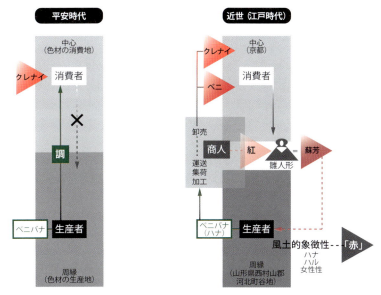

図10　中心と周縁における「赤の力学」の構造

分断していたことが明らかになった。平安時代と近世における生産側と消費側における色をめぐる関係についてを図式化し、それぞれの構造について比較を行なった（図10）。

　そして、この分断における需要は、近代以降登場する、新しい色材である化学合成染料——アニリン染料——を受容する動因となるのではなかろうか。このように、「商業経済」社会における中心と周縁に共有されたかにみえる「赤」は、各々の風土的・文化的差異により微妙な齟齬をきたし、色としての「赤」のみが、特殊な象徴性——非日常性——と結びつくことで突出し、色材と色との連関は希薄になっていった。近世以降の社会構造における人間と人間、および人間と自然の分散的力学は、今日、単一的な「色」概念へと集約されることとなった「赤」についての示唆に富むものと考えられよう。

注記

1）見田宗介・栗原彬・田中義久編『社会学事典』弘文堂／2002年、279頁
2）見田宗介・栗原彬・田中義久編『社会学事典』弘文堂／2002年、145頁によると、「価値」とは、主体の欲求をみたす、客体の性能でありながら、対象自体に内在するものではなく、だからといって、主体の属性ではなく客体の属性であることから、「もの」ではなく「程度」であると定義している。
3）山形県北西部の、最上川の河口に位置する市、江戸時代、舟運の重要な港町となった。
4）船首がまるく舷側に垣立のない特異なもので、順風時以外は、大勢の乗組員により手漕ぎされた。四石積以上の大きなものもあった。
5）今田信一『最上紅花史の研究』改訂版　高陽堂書店／1979年、6〜9頁
6）一般的には、安土・桃山時代から江戸時代末期を指す
7）苧麻の繊維、裃生地の原料として需要があった。
8）奥州街道から分岐して羽州地方を経て青森に至る近世の脇往還のこと。
9）一駄は、馬一頭におよそ30kgの俵を左右二個ずつ振分け、計四個を運ばせる量。およそ120kgに相当する。
10）矢作春樹「紅花文化の再興へ」紅花資料館資料誌、17頁
11）紅花資料館内資料より参照。
12）槙清哉『最上紅花のおもかげ』社団法人河北町観光協会／1997年、17頁
13）今田『最上紅花史の研究』、11頁
14）今田『最上紅花史の研究』、11頁
15）「奈良晒」の原料となるため。
16）今田『最上紅花史の研究』、173頁
17）長崎巌『日本の美術10 町人の服飾』至文堂／1994年、17頁
18）谷田・小池『日本服飾史』、119頁
19）今田『最上紅花史の研究』、23頁
20）今田『最上紅花史の研究』、19頁
21）摘み取った花弁からたんねんに雑物を取り除き、大きな「半切り桶」に入れ、水を注ぎ、よく足で踏みつけて、黄気という黄色い汁を揉み出す「花振り」をおこない、木枠の底に蘆簾を張り筵を敷いた、いわゆる「花蒸籠」によく水を切った花弁を薄めに敷き詰める。日陰に置き、熱発酵を防ぐために如雨露で冷水を注ぎ、そのまま一昼夜くらい放置する「花寝かせ」をし、色が濃くなる具合と多少餅状になるその具合で桶に入れ、足で踏むか手で揉むかして餅状にし、粘りを出し、せんべい

状にし、「花筵」にならべ、天日で乾燥させたもの
22) 今田『最上紅花史の研究』、190頁
23) 今田『最上紅花史の研究』、259頁
24) 矢作「紅花文化の再興へ」『紅花資料館資料』、23頁
25) 矢作「紅花文化の再興へ」『紅花資料館資料』、23頁から、和船史家の石井によれば「紅花屛風図」（青山永耕筆、松尾芭蕉記念館蔵）に描かれている北前船入港の図は、天保山港だといわれている。
26) 2003年3月27日、山形県西村山郡河北町谷地在住の国井嵓一への聞き取り調査による。
27) 増渕宗一『人形と情念』勁草書房／1982年、11頁
28) 祝宮静『日本の生活文化財』第一法規出版／1973年、39頁
29) 熊谷清司『日本の伝統切紙』文化出版局／1981年、113〜121頁
30) 竹内勝太郎『藝術民俗學研究』福村書店／1949年、139頁
31) 柳田国男『定本　柳田国男集　第九巻』筑摩書房／1974年、248〜253頁
32) 増渕『人形と情念』、13頁で、文明9年（A.D.1477）から江戸時代の貞亨4年（A.D.1687）までの約210年間の宮廷諸行事について記した『御湯殿上日記』で、「御人きやう」という言葉に見出されており、増渕は「人形が次第に衣裳と結びついていく」ことを指摘している。
33) 増渕『人形と情念』、24頁
34) 『人形4』京都書院／1986年、126頁
35) 「一、雛　八寸より上無用たるべし近来結構なる雛有之候間都て軽く可仕候事　一、同諸道具　梨子地は勿論蒔繪無用に可仕候上物の道具たり共黒塗に可仕候金銀金物無用の事　一、子供持遊び候人形　八寸より上は仕出し申間敷候翫び作り物の類自今金銀の彩色金入並純子等の装束又は人形　に戴候儀一つ宛戴候は格別二つより上は戴候作り物無用に致し却て結構に仕間敷事　右之通来寅正月より吃度可相心得候有来り候作り物之類當年中商買之儀は勝手次第可仕候来年より有合せ候共右之品々商買致候儀可為停止候事」
36) 『京人形のあゆみ』京人形商工業協同組合／1982年、20頁
37) 菊池和博「河北町谷地の雛文化と山形」、44頁
38) 『時代雛　雛とべに花の里かほく』河北町商工観光課・やまがた広域観光協議会／2002年より。菊池和博が1989年に雛人形の数を調査した際、亨保雛12対、古今雛16対とされているが、最近である2002年刊行の『時代雛』における分類を優先的に参照した。

39) 池田萬助・池田章子共著『日本の御人形』「紀要　さがの人形の家」第6号　財団法人イケマン人形文化財保存財団／2000年、96頁
40) 千石宗久「宮廷の装束」『宮廷の装束』高倉文化研究所／1999年、11頁
41) 日野西資孝『日本の美術　No.26　服飾』至文堂／1968年、79〜80頁「打掛とは、一番上に着る小袖…(中略)…裏はすべて紅羽二重である」
42) 池田萬助・池田章子共著『日本の御人形』「紀要　さがの人形の家」第6号　財団法人イケマン人形文化財保存財団／2000年、21頁
43) A.D.1148〜1225年：政所別当。鎌倉〜室町時代における守護地頭設置の献策者として伝えられている
44) 槙清哉『最上紅花のおもかげ』社団法人河北町観光協会／1997年、16-17頁
45) 大塚民俗学会編『日本民俗事典』弘文堂／1994年
46) 大島暁生・佐藤良博・松崎憲三・宮内正勝・宮田登編『図説民俗探訪事典』山川出版社／1998年、135頁、162頁
47) 鈴木棠三『日本年中行事辞典』角川書店／1978年、395〜396頁
48) 山形県河北町紅花資料館内資料より。
49) 矢作春樹「山形方言に残った京ことば」『ことばの世界』北海道方言研究会叢書第五巻　北海道方言研究会20周年記念論文集／1994年12月、287頁〜295頁
50) 2003年3月31日、西村山郡河北町谷地在住、谷地八幡宮宮司で国の重要無形民俗文化財に指定されている「林家舞楽（谷地舞楽）」79代目林重見への聞き取りによる。
51) 菊池「河北町谷地の雛文化と山形」、46頁
52) 菊池「河北町谷地の雛文化と山形」、47頁
53) 『京人形のあゆみ』、19頁
54) 2003年4月1日、西村山郡河北町谷地在住の方言研究家、元河北中学校校長で紅花資料館専門員であった矢作春樹に、自宅に於いて聞き取り調査を行なった。
55) 姫田忠義『秩父の通過儀礼その2―子どもザサラから水祝儀まで』民俗文化映像研究所／1980年制作映画より
56) 鈴木棠三『日本年中行事辞典』角川書店／1978年
57) 菊池「河北町谷地の雛文化と山形」、42頁
58) 2003年3月31日、林重見への聞き取り調査より。
59) 菊池（「河北町谷地の雛文化と山形」、50頁）は、その多くが土雛であったと考察している。
60) 高崎正秀「総論　民俗の展望―ハレとケの循環―」高橋正秀・池田弥三郎・牧田

茂編『日本民俗学の視点Ⅰ　ハレ（晴）の生活』日本書籍／1976年、6〜7頁
61）高崎「総論民俗の展望—ハレとケの循環—」『日本民俗学の視点Ⅰハレ（晴）の生活』、6頁
62）高崎　前掲書。
63）中内敏夫「わたしは、どのようにして、社会史の地平に、出てきたか」『中京大学社会学部紀要』第16巻　第1号／2002年3月、35〜50頁　「産育」など無名の人々における「匿名化されている人々の歴史的経験」からの教育者の意義を参照した。
64）矢作春樹「紅花文化の復興へ」『紅花資料館　資料』、24頁
65）2003年3月27日、3月31日、4月1日にかけて行なった「雛膳」についての聞き取り調査において、「雛膳」全体の構成については林重見・小野幸雄・国井昌一、「雛膳」の食材であるトコロと、菓子のアンピン餅の由来については矢作春樹、煮染めに用いるカラエイについては吉田紀子の聞き取りより再構成した。
66）手塚恵子『中国広西壮族歌垣調査記録』大修館書店／2000年、80〜81頁　「歌掛け祭が開かれる場所の付近にある村では、家々が家屋を掃き清め、五色に染めたオコワをつくり、酒と肴を用意して客人の訪れるのを待つ。（中略）当日人々は盛装し、チマキやオコワ、菓子、赤く染めた卵といった食べ物を携えてやって来る」
67）大島・佐藤・松崎・宮内・宮田『図説民俗探訪事典』、28頁
68）中村喬『中国の年中行事』平凡社／1988年、74頁
69）中村『中国の年中行事』、125頁
70）小林吉市「祭りの供物」高崎・池田・牧田編『日本民俗学の視点Ⅰ　ハレ（晴）の生活』日本書籍／1976年、108頁
71）金子武雄『上代の呪的信仰』公論社／1977年、7頁
72）西山松之助『花　美への行動と日本文化』日本放送出版協会／1978年、239頁

結

　古代より色は、われわれの社会および文化の形成において、大きな影響を与え続けてきた。それは、「色」が「視覚のうち、光波のスペクトル組成の差異によって区別される感覚」（『広辞苑』）といった、人間の感覚器官を通した生理現象において認知されるだけでなく、自然を出自とする素材を原料とした「色材」から、人間が「色」を抽出し、さらに手を加えることで、「色」を布や糸といった他素材に移行できる、着色および染色「技術」の発見と発達があったためである。このような技術的側面から、特に「染色」は、色の抽出技術や繊維素材への染色方法、さらに繊維製品として加工などにおける「用の美」を使命とした、「美術工芸」の視座において言及される先行研究が主軸となっている。また、色についても、自然に属する色材の成分的特性や法則性による自然科学的観点や、発掘された色材によって人類史を繙く考古学、服制の歴史的変遷から色に言及する歴史学、さらに『万葉集』や『古今和歌集』など詩歌にあらわれる色に着目した先行研究など少なくない。

　しかし、多岐にわたる従来の「色」の研究は、それぞれの分野において専門的であるが、相互関係が分断されているという問題点がある。そもそも「技術」とは、人間が対象的自然の客観的性質に適応し、それに依拠しながら対象的世界を認識することで初めて生じるものであるため、自然と人間および人間と人間の連関を無視し、分断することはできない。つまり、本来的「技術」とは、人間が自然を模倣し、加工することで形成した「文化」に至るまでの軌轍を重ね見ることのできるものであり、自然と対置する人間が人工的に形成した文化的活動のすべてを目的にもつ「ars」に包摂されるもの

でなくてはならない。このような問題意識により、本論文では、あらためて「色」をめぐる人間と自然と社会の連関を構造化し、人間と色との関係を通史的に捉えることで、人間の集団的想念と連動するダイナミズムを創出する「色」の意義を明らかにした。特に、私自身の染色作家としての制作プロセスをふまえ、従来的な「染色」を、新たに「色材」―「色」―「染色／被染物」の連関において捉えることで、文化の象徴的形態である「自然」―「人間」―「社会」の連関に対置させ構造化を試みることを本論文は目的としている。これは、「ars」的意義にある「染色」の再定義を試みる基礎的知見として意味をもつものである（口絵14）。

　本論文の内容の概略は以下の通りである。
　「赤」は、多くの先行研究で、世界のさまざまな文化や種族の差違と無関係に、原初的「色」と認識されている。それは、背景色との対比から視認性の強い色となり、人間の感覚器官である視覚に生理的刺激を与え、高い誘目性が心理的作用を引き出し、生死と直結した瞬間的判断における「信号」となったことに由来する。しかし、「赤」にみる対立概念は、東西によって異なっており[1]、わが国では「アカ（明）」の対立概念は「クロ（暗）」であることから[2]、わが国の原初的な色の対立概念は、明度―光の有無―において成立している。本論文の序では、まず、この相互に補完的な対立概念を、わが国の社会および文化史を形成する重要なモジュールと捉え、わが国の社会文化史における「赤」を、「恐るべき精密さ」の色の階調で構成される「赤の範疇」と定義付けた。
　第一章では、顔料と染料に大別した色材を、それぞれの出自に属する自然の位相関係から、顔料は「土」および「土壌」を、染料は土から生育する「植物」および「動物」とすることで、「自然界の構造」を示し、顔料は染料の前身であると捉えた（「色材について」）。赤色顔料である「丹」は、その名称「ニ」が「土」の転訛であることを示し、生産性と破壊性を合わせ持つ

「土」の物的特性と、アニミズムを多分に引き受けた日本神話から、両義的象徴性を有する色材であることに着目した。その上で、「丹」を、わが国の「赤の範疇」を支える「赤の基層」と定義し（「最古層の赤」）、アニミズム的視座より構造化をめざし、わが国の社会的文化史の基底における赤の重要性に言及した。さらに、赤色顔料「丹」が選鉱分離されて発現する新たな赤──「朱」と「ベンガラ」──を歴史的文献から考察し、社会的階層におけるヘゲモニー争いにおいてイデオロギー装置と化した「朱」と「ベンガラ」は、優性―劣性の対立概念に組み込まれる一方で、「朱」の権威を確立するには「ベンガラ」の存在が不可欠であることから、相互に補完的な関係にあることを明らかにした（「朱とベンガラの発現にみるヘゲモニー」）。

　第二章では、次世代赤系色材として登場する「ベニバナ」を事例とし、「赤の範疇」における同色材が、「人間的自然」の本能的欲求において異なる色名を持つに至った経緯を、それぞれ「美」と「生命力」をキー概念に考察した。渡来植物である「ベニバナ」から抽出される「赤」（クレナイ）について、当時の渡来系社会構造および文化を踏襲したわが国の中央集権国家が設けた「禁色」が、不可視の権力や富を、可視的な色の「美」と結びつけるイデオロギー装置であったことから、「クレナイ」を「朱の系譜」として構造化した（「クレナイ──渡来技術と新たな『美』」）。一方で、色材「ベニバナ」は生薬としての機能をもっており、権力の有無と無関係に「人間的自然」にある「生命力」と直結した。特に「レーキ化」により顔料と染料の両義的特性をもつ「ベニ」を「丹の系譜」として構造化した（「ベニ──『生命力』に由来する赤」）。これらにより、色彩的差異を有する「赤」は、人間の営為における集団的想念のダイナミズムを形成する社会的ヘゲモニーとアニミズムとのそれぞれの目的に適合することで、より微細に社会的意義を有する「赤の範疇」を形成することが明らかとなった。

　第三章では、近世の社会構造における生産―交換―消費のヘゲモニー争いを「赤の力学」と捉え、その構造化をめざした。第一章と第二章でみてきた

事物を把捉し、それを認知する対立概念は、人間と人間の連関も二分化し、支配—被支配といった、上下に垂直的で連続的な秩序であるヒエラルヒーによる社会構造を創出した。そして、ヒエラルヒーの頂点に位置する者は、下層者に対し、厳しい「調」や「貢租」を課していたのも、支配—被支配にみる対立概念のモジュールが、相互補完的な関係によって成立していたことを裏付けるものである。つまり、上下に垂直的な構造体は、構造体における下層を文字どおり基盤としていたのである。この構造体において、圧倒的に権力と富を浴するには、享受する上層は少数であり、搾取される下層は多数であることが、絶対条件であった。しかし、近世以降、「町人」と「商人」の台頭により、それまでの上下に垂直的で連続的な秩序は解体していくことになる。商業経済を母胎とした新たな社会構造は、換金による交換を仲立ちとした生産—消費の流通を構築し、それまでの構造体の上層が独占していた「消費」も、散見されるようになる（「ベニバナ交易のシステム」）。それまでの「赤の範疇」は、対立概念のモジュールの相互補完的な関係により、色をめぐるヘゲモニー争いでは排斥ということをしなかったために、種々の「赤」を「多元論」的に包摂していた。しかし、近世以降の社会構造の目的となった「消費」における色材の不在感は、自然—人間の連関を断絶させ、さらには、「交換」における間接性の増加は、無秩序な多元的象徴性を醸成し、それまで「赤の範疇」を構築していた対立概念のモジュールを破線的なものとしたのである。本論文では、近世の周縁地として、主要なベニバナ生産地であり集積地であった山形県西村山郡河北町谷地に現存する「雛人形」を事例とし、聞き取り調査の資料を中心に、生産地における「赤」の意義について考察を行なった（「生産地における赤の象徴性—山形県西村山郡河北町谷地の『雛まつり』を中心に—」）。そして、さまざまな間接的要因の増加とともに、対立概念のモジュールが希薄化し分断したことで、多元的象徴性の乱立により断層化した「赤の範疇」は、今日的な「赤」の概念に集約されていく端緒となっていったことを明らかにした。

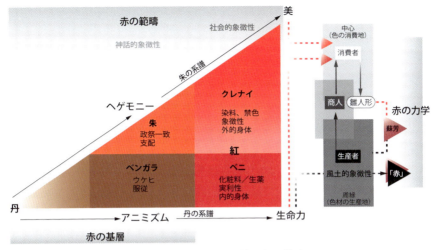

図11 「赤」をめぐる種々相の構造

　以上の内容をふまえ、本論文における各章の構造とそれぞれの考察の関わりを構造図により示した（図11）。

　本論文で得られた大きな成果は、従来の個別的な研究に対し、「赤」をめぐる種々相を大きな「赤の範疇」として構造化した点にある。本論文における「丹」や「ベニバナ」などいずれの色材においても、そこから抽出される「朱」や「ベンガラ」、「クレナイ」、「ベニ」といった色は、「高明度―低明度」、「高彩度―低彩度」といった色彩的差異において分化され、それぞれの色に、「（権力）支配―服従」といった不可視の事象の象徴性を対立的に付与することで、対比的に認識するといった構造が見られるのである。それは、人間が不可視の事象に対して、「色」など可視的な事象を借用し、それらに対立的な象徴性を付与し、分類し、認識していたことを示すものである。そして、これらの構造は、自然と人間の連関におけるアニミズム的潮流と、人間と人間との連関にみられる政治的象徴性を付与されたヘゲモニー的潮流の

二本を支柱としており、その両義的構造は、対立概念にありながらも、相互に補完的な力関係を保持しており、まさに人間の営為における社会および文化の形成と不可分であることが明らかになったのである。

　本論文で明らかになった構造において、特に、商業経済を社会的基盤に登場した商人という仲介者の間接的な存在は、社会的ヒエラルヒーを支えていた対立的な力関係を分散させ、物流のみならず、さまざまな文化や情報の交換により、いわゆる周縁に位置する生産側にも独自の文化が散見されるようになった。例えば、全国的にみられる三月節句は、各地の生業や風土的特性に適合し、『日本民俗地図』では、46通りもの行事内容が確認されている[3]。しかし、今日、一般的な三月節句は、「女児のある家で幸福・成長を祈って雛壇を設けて雛人形を飾り、調度品を具え、菱餅・白酒・桃の花などを備える祭」（「ひなまつり」『広辞苑』）と認識されている。各地の風土的特徴により年中行事の内容も多様化していたものが、いわゆる標準的に「集約」されていく背景には、明治時代以降、政治的ヘゲモニーにおいて一元化された価値観が働いている。いわゆる紋切り型の社会的性差（ジェンダー・ステレオタイプ）の強化の方便のひとつと捉えられる三月節句―「雛人形」や「雛飾り」―の「赤」は、「ジェンダー・カラー」として、今日の小学校女児のランドセルにみる「赤」へと連繋しているのではなかろうか。わが国における「赤の範疇」が、今日的な「赤」の概念に「集約」される過程と、ジェンダー・ステレオタイプとの連関について、さらなる事例から検証することが必要であろう。

　人間が自然との連関において加工し形成した「物心両面の成果」（『広辞苑』）とされる「文化」は、複数の人間による経験的事例の集積であり、本来、「差異」を包摂した多様性を有する。近代性(モダニティ)はこうした「差異」を、「普遍主義による単一文化の偽装」[4]を成立させるために、本来的「政治的」な意義において均質化し、普遍主義の「標準」を確立した。同様に、近世以降、間接性の増加により、多元的な差異を包摂することとなった「赤の範

疇」が、今日的な「赤」として、いわゆるスタンダード・カラーのひとつに集約されていく過程も、近代性にみる「普遍主義」が目指した政治的ヘゲモニーにおける一元化がひとつの事由と考えられる。一方で、色のもつ多元的な象徴性において希求された、周縁地における「赤」にみられる色材の不在も、もうひとつの事由ではなかろうか。以上から、今後の研究では、多領域にまたがる本研究において、個々の専門領域の研究および資料を充実させることによる検証作業の継続性と同時に、本論文の構造化の試みのさらなる実証が課題となる。特に、本論文でふれることができなかった代表的な赤系植物性染料である茜、蘇芳について研究を行なうことは、色材の出自をもとにした自然の位相を構造化するにあたり重要なものになると考えられる。さらに、近代性を背景に登場した化学合成染料と色材の不在の問題性と関係性の考察、高次の情報化社会において、標準化した情報的な「色」をめぐる「政治的」社会意識の醸成について、ヴァナキュラーな視点による考察から、今日的な「美」の意義を探っていきたい。

注記

1）小林康夫は、マンリオ・ブルサティンの『色彩の歴史』を引用し、血や火を表し、生命を象徴する色として初出される「赤」が、もっとも人間に近く「求心的な作用」の色とされるのに対して、空や水、海を象徴する「青」は、人間から遠い「遠心的な反作用」の色といった、対立的な組み合わせが、天地や男女といった象徴的な対立を生じさせることにもなったと捉えている。小林康夫『青の美術史』ポーラ文化研究所／2001年、12頁
2）佐竹昭広は、日本の原初的な色の概念を「アカ、クロ、シロ、アヲ」とし、それぞれを「明、暗、顕、漠」といった光の状態としている。それに対し、大野晋は「アカ」は光の状態とするものの、残りのクロ、シロ、アオは顔料および染料に由来するものとして、佐竹説に反対している。大野晋「日本語の色名の起源について」大岡信編『日本の色』朝日新聞社／1997年、199頁
3）文化庁編『日本民俗地図Ⅰ　年中行事』「三月節句」国土地理協会／1972年
4）アンドレア・センプリーニ『多文化主義とは何か』（三浦信孝・長谷川秀樹訳）

白水社／2004年、158頁

引用・参考文献（著者名五十音順）

著書

青木和夫・稲岡耕二・笹山晴生　編「白藤禮幸校註新日本古典文学大系12『続日本紀』」岩波書店／1989年
青柳太陽『模様染の伝統技法』理工学舎／1996年
阿部正路『神道がよくわかる本』PHP研究所／1992年
網野善彦・樺山紘一・宮田登・安丸良夫・山本幸司　編『岩波講座　天皇と王権を考える7　ジェンダーと差別』岩波書店／2002年
荒竹清光『古代の日本と渡来文化』明石書店／2004年
生谷吉男『京黒染』京都黒染工業協同組合／1988年
石原明『漢方』中央公論社／1994年
伊原昭『文学にみる日本の色』朝日新聞社／1994年
市毛勲『朱の考古学』雄山閣出版／1975年
祝宮静『日本の生活文化財』第一法規出版／1973年
上村六郎『日本の染色』東出版／1974年
宇治谷孟　編『日本書紀（上）（下）』講談社／2003年
大井義雄・川崎秀昭　共著『カラーコーディネーター入門　色彩』日本色研事業／2003年
大岡信　編『日本の色』朝日新聞社／1980年
金子武雄『上代の呪的信仰』公論社／1977年
北沢方邦『感性としての日本思想　ひとつの丸山真男批判』藤沢書店／2002年
北沢方邦『脱近代へ　知／社会／文明』藤沢書店／2003年
木村孟淳・田中俊弘・水上元編『新訂生薬学』南江堂／2012年改訂第7版（※出版にあたり、第二章の補強を目的に資料最新版を参考としている。）
芸能史研究会　編『日本の古典芸能　第一巻』平凡社／1969年
熊谷清司『日本の伝統切紙』文化出版局／1981年
小林康夫『青の美術史』ポーラ文化研究所／2001年
今田信一『改訂版　最上紅花史の研究』高陽堂書店／1979年
今田信一『べにばな閑話』河北町／1980年
今田信一『大町念佛講帳』河北町誌編纂資料編／1959～1960年

近藤直也『祓いの構造』創元社／1986年
白井光太郎『植物渡来考』岡書院／1929年
鈴木棠三『日本年中行事辞典』角川書店／1978年
鈴木秀夫『森林の思考・砂漠の思考』日本放送出版協会／2000年
武井邦彦『日本色彩辞典』笠間書院／1973年
竹内勝太郎『藝術民俗學研究』福村書店／1949年
武田祐吉　編『風土記』岩波書店／1937年
手塚恵子『中国広西壮族歌垣調査記録』大修館書店／2000年
長崎巌『日本の美術10　町人の服飾』至文堂／1994年
中西進・辻惟雄　編著『花の変奏―花と日本文化―』ぺりかん社／1997年
櫃本誠一　編『風土記の考古学２　播磨国風土記の巻』同成社／1994年
津田左右吉『日本古典の研究　上』改訂版・岩波書店／1972年
鳥居礼『言霊―［ホツマ］』たま出版／1985年
直木孝次郎『古代日本と朝鮮・中国』講談社／1988年
長崎盛輝『日本の傳統色』青幻舎／2001年
中島狐島　編『世界神話伝説大系』「第35ギリシア・ローマの神話伝説」名著普及会
　　／1981年
中村喬『中国の年中行事』平凡社／1988年
中村元『東洋人の思惟方法３　中村元選集／第３巻』春秋社／1979年
西山松之助『花　美への行動と日本文化』日本放送出版協会／1978年
花輪壽彦『漢方よろず相談』永却／2000年
日野西資孝『日本の美術　26　服飾』至文堂／1968年
福井勝義『認識と文化―色と模様の民族誌』東京大学出版会／1991年
福本繁樹『「染め」の文化』淡交社／1996年
前田雨城『日本古代の色彩と染色』河出書房／1979年
増渕宗一『人形と情念』勁草書房／1982年
松井壽一『薬の文化史』丸善書店／1991年
松村武雄編『世界神話伝説大系１　アフリカの神話伝説』名著普及会／1979年
松村武雄編『世界神話伝説大系５　バビロニア・アッシリア・パレスチナの神話伝
　　説』名著普及会／1979年
松村武雄編『世界神話伝説大系11　中国台湾の神話伝説』名著普及会／1979年
丸山伸彦「衣服における「花」―色から形へ」中西進・辻惟雄編著『花の変奏―花と
　　日本文花―』ぺりかん社／1997年

真壁仁『紅花幻想』山形新聞社／1978年
槙清哉『最上紅花のおもかげ』社団法人河北町観光協会／1997年
松田壽男『丹生の研究』早稲田大学出版部／1970年
水野瑞夫共著「ベニバナ（キク科）」『明解家庭の民間薬・漢方薬　薬用植物利用のすべて』新日本法規出版／1983年
吉岡幸雄『日本の色辞典』紫紅社／2000年
『京人形のあゆみ』京人形商工業協同組合／1982年
『日本の染織18　紅花染―花の生命を染めた布―』泰流社／1978年
谷田閲次・小池三枝共著『日本服飾史』（光生館／1989年）
柳田国男『定本　柳田国男集　第九巻』筑摩書房／1974年
山口昌男『人類学的思考』せりか書房／1971年
山口昌男『文化と両義性』岩波書店／2000年
山辺知行編『日本の美術　染』至文堂／1966年
吉田禎吾『魔性の文化誌』みすず書房／1998年
和田清、石原道博編訳『魏志』倭人伝他三篇岩波文庫
クリフォード・ギアツ『文化の解釈学』（吉田禎吾・柳川啓一・中牧弘允・板橋作美共訳）岩波書店／1987年
クリフォード・ギアツ『ヌガラ』（小泉潤二訳）みすず書房／1998年
アンドレア・センプリーニ『多文化主義とは何か』（三浦信孝・長谷川秀樹訳）白水社／2004年
ミハイル・ホッパール『シャーマニズムの世界』（村井翔訳）青土社／1998年
クロード・レヴィ＝ストロース『やきもち焼きの土器つくり』（渡辺公三訳）みすず書房／1997年
後魏賈思　撰『校訂訳註斉民要術』（西山武一・熊代幸雄訳）アジア経済出版会／1976年

新村出　編『広辞苑』第二版／1976年
新村出　編『広辞苑』第五版／システム電子辞書版
白川静香　編『常用字解』平凡社／2004年
小学館辞典編集部　編『類語例辞典　新装版』小学館／2002年
見田宗介・栗原彬・田中義久　編『社会学辞典』弘文堂／2002年
日笠山正治　編『歴史探訪に便利な日本史小典』日正社／2002年
井上輝子・上野千鶴子・江原由美子・大沢真理・加納実紀代　編集『岩波　女性学事

典』岩波書店／2002年
日本風俗学会編『縮刷版　日本風俗史事典』弘文堂／1994年
大塚民俗学会編『日本民俗事典』弘文堂／1994年
大島暁生・佐藤良博・松崎憲三・宮内正勝・宮田登編『図説民俗探訪事典』山川出版社／1998年
文化庁編『日本民俗地図Ⅰ　年中行事』国土地理協会／1972年
山崎青樹『草木染染料植物図鑑』美術出版社／1989年
井波一雄『薬草』山と渓谷社／1997年
『世界大百科事典』平凡社／1981年
『金匱要畧』「方第二十二婦人雑病篇」
『人形4』京都書院／1986年

論文

池田萬助・池田章子共著『日本の御人形』「紀要　さがの人形の家」第6号　財団法人イケマン人形文化財保存財団／2000年、96頁
伊藤信博「「御霊神」の誕生 (1)」『言語文化論集』第 XXV 巻　第1号名古屋大学大学院国際言語文化研究科／2003年10月、8頁
上田正昭「神楽の命脈」芸能史研究会編『日本の古典芸能　第一巻』平凡社／1969年、23～24頁
王至堂「秦漢時期匈奴族提取植物色素技術考略」『自然科学史研究』第12巻第4期／1993年
小笠原好彦「丹塗土師器と黒色土師器」考古学研究18-2.3 考古学研究会／1971年
木村光佑　他5名「日本と韓国における視覚意匠の比較研究」平成9年度環日本海交流促進助成研究報告　環日本海アカデミック・フォーラム助成研究／1997年田中孝治『都薬雑誌』vol.18 No.6「ベニバナ」／1996年、34頁
菊池和博「河北町谷地の雛文化と山形」、41～53頁
小林吉市「祭りの供物」高崎・池田・牧田編『日本民俗学の視点Ⅰ　ハレ（晴）の生活』日本書籍／1976年、108頁
佐川信子「ヘンナをめぐって」『中東協力センターニュース』2002年12月／2003年1月
鈴木永「日本の伝承薬16紅花」『月刊漢方療法 Vol.2 No.5』谷口書店／1998年8月、75頁
千石宗久「宮廷の装束」『宮廷の装束』高倉文化研究所／1999年、11頁

高崎正秀「総論　民俗の展望―ハレとケの循環―」高橋正秀・池田弥三郎・牧田茂編『日本民俗学の視点Ⅰ　ハレ（晴）の生活』日本書籍／1976年、6〜7頁

塚口義信「『播磨国風土記』の成立」櫃本誠一編『風土記の考古学2播磨国風土記の巻』同成社／1994年

中内敏夫「わたしは、どのようにして、社会史の地平に、出てきたか」『中京大学社会学部紀要』第16巻　第1号／2002年3月、35〜50頁

能澤壽彦「古層の美【神道的世界から】」『環』vol.2 藤原書店／2000年、228頁

原田善明「薬用としての紅花」『羽陽文化』（第十八號紅花特輯號）山形縣文化財保護協會／1953年、5頁

降旗千賀子『色の博物誌「赤」神秘の謎とき』目黒区美術館／1994年

矢作春樹「山形方言に残った京ことば」『ことばの世界』北海道方言研究会叢書　第五巻　北海道方言研究会20周年記念論文集／1994年12月、287頁〜295頁

矢作春樹「紅花商人の雛祭り考」『羽陽文化』山形縣文化財保護協會／第142号

矢作春樹「紅花文化の再興へ」紅花資料館資料誌、17頁

結城嘉美「植物としての紅花」『羽陽文化』（第十八號紅花特輯號）　山形縣文化財保護協會／1953年、7頁

その他

日原もとこ「紅花の源流をたずねて―パキスタン、フンザ、イスラマバード」（東北文化研究センター・フィルム・アーカイヴ／2003年）

東京新聞「藤ノ木古墳　石棺内にベニバナ花粉」1989年9月10日付

『時代雛　雛とべに花の里かほく』河北町商工観光課・やまがた広域観光協議会／2002年

姫田忠義『秩父の通過儀礼その2―子どもザサラから水祝儀まで』民俗文化映像研究所／1980年制作映画

謝　辞

　まず、本論文を執筆するにあたり、東京藝術大学大学院美術研究科博士後期課程での３年間という貴重で有意義な時間を頂戴いたしましたことを、感謝いたします。理論と実技の両輪を駆動し研鑽を積む、美術教育研究領域の環境は、本論文に多大なる影響をもたらしました。

　東京藝術大学において、３年間にわたりご指導をいただきました主査・上野浩道先生（東京藝術大学美術学部教授）には、本論文の未熟な構想段階から最終段階まで多くのご教授を賜りました。上野先生の豊かな知識と深い洞察により、本論文は洗練され形になったといっても過言ではありません。さらには、丁寧に思考する研究姿勢についても多くを学ばせていただけましたことは、何事にもかえがたい貴重な経験となりました。心より感謝申し上げます。

　博士学位論文審査においてご指導いただきました副査・美術教育研究領域教授　本郷寛先生、同研究領域助教授　木津文哉先生、工芸科染織教授　松永勲先生、芸術学科日本・東洋美術史助教授　佐藤道信先生に貴重な御指導御鞭撻を賜わりました。本論文の執筆と並行し制作した作品へのさまざまな指針を頂戴いたしました。心より御礼申し上げます。

　本論文は、多くの先行研究の上に成立しています。文中、引用および参考文献の敬称略については、失礼いたしました。また、本研究が多領域に越境しているため、多くの方にご協力いただきました。特に、服飾史の研究分野では、お茶の水女子大学名誉教授　小池三枝先生のご著書から多くを学ばせていただきました。ベニバナについて、東北芸術工科大学教授　日原もとこ先生のフィールドワークに多くの示唆をいただきました。天然染料と生薬に類似性について、北里大学東洋医学研究所薬理学　緒方千秋先生には多くの

資料をご提供していただきました。また、同大東洋医学研究所所長　花輪壽彦先生には、東洋医学の見地からご教示いただきました東洋哲学―特に日本のアニミズム―については、本論文の骨子のひとつとなっております。中心と周縁における文化的差異の視点については、京都の老舗金襴問屋である株式会社誉勘商店社長　松井幸生氏の聞き取りから着想を得ました。そして、山形県西村山郡河北町谷地では、約10日間にわたり、数えきれないほど多くの方にご協力いただきました。特に、河北町商工観光課課長　小野幸雄氏、林家舞楽79代目　林重見氏、紅花資料館元専門員の矢作春樹氏、まるご旅館吉田久男・紀子夫妻、国井曷一氏、井上和・宗濱夫妻、山形新聞社記者室星葉月氏に、この場をおかりして、謝辞を申し上げたく存じます。

2005年9月

....

　本書は、2005年（平成17年）3月31日に東京藝術大学より授与された博士（美術）の学位論文『赤の力学―色をめぐる人間と自然と社会の構造―』として執筆したものであり、公益財団法人関記念財団第21回研究成果出版助成と、公立大学法人名古屋市立大学平成26年度特別研究奨励費を受け、学位論文として受理されてから10年目にして刊行の機会を賜りました。10年という長い年月は、当時の至らなさを反省する冷静さとともに、研究に対する客観的視座も持ち得るようになり、論文の精度をさらに上げたいという思いから、本書では、第二章の生薬と染料の関連をより論理的なものとすべく、表の手直しにあたり、生薬学の碩学であられる高知県立牧野植物園園長・名古屋市立大学大学院名誉教授　水上元先生より多大なご指導ご鞭撻を賜りました。心より御礼申し上げます。得難い機会を得るためには、筆者にとっても10年の学びが必要であったことを痛感しております。

また、「色」を主題とした本書を直感的かつ印象的に把捉するため、学位論文審査当時からたびたびご指摘のあった図版を増補いたしました。特に、第二章で構造化した「赤の範疇」の種々の色について、できるだけ忠実なものとすべく、韓紅花、黄丹、退紅については、草木染研究所柿生工房　山崎和樹氏のご協力により、口絵に加えることができました。延喜式の成立した当時の度量衡に則り染織研究家　中島洋一氏が練り絹で綾織りした生地を山崎氏が染色した貴重なものです。また、河北町紅花資料館に収蔵される江戸時代の享保雛と古今雛を掲載させていただきました。第三章に登場する「雛人形」の特徴的なフォルムと赤の関係について、視覚的理解を促す助けとなりました。この場をおかりして御礼申し上げます。

　最後に、執筆当時から研究環境も変わり、本論の内容を深化することがなかなかできず二の足を踏んでいた筆者に多々の叱咤激励をくださりました、東京藝術大学名誉教授・お茶の水女子大学名誉教授　上野浩道先生のご指導とご厚情に深謝申し上げます。そして本書刊行の意義をご理解いただき、ご尽力いただきました風間書房の風間敬子社長に心より感謝申し上げます。

2015年10月

藤井　尚子

著者紹介

藤井　尚子（ふじい　なおこ）
1995年　多摩美術大学大学院美術研究科修士課程（デザイン）修了
2005年　東京藝術大学大学院美術研究科博士後期課程造形学専攻美術教育研究領域修了
現　在　名古屋市立大学大学院芸術工学研究科　准教授
　　　　東京藝術大学美術学部デザイン学科　非常勤講師
　　　　博士（美術）

赤の力学
　―色をめぐる人間と自然と社会の構造―

2015年12月25日　初版第1刷発行

著　者　　藤　井　尚　子
発行者　　風　間　敬　子

発行所　　株式会社　風　間　書　房
　　〒101-0051　東京都千代田区神田神保町1-34
　　　電話 03(3291)5729　FAX 03(3291)5757
　　　振替 00110-5-1853

印刷・製本　太平印刷社

©2015　Naoko Fujii　　　　　　　　NDC分類：361
ISBN978-4-7599-2113-7　Printed in Japan
JCOPY〈㈳出版者著作権管理機構　委託出版物〉
本書の無断複製は，著作権法上での例外を除き禁じられています。複製される場合はそのつど事前に㈳出版者著作権管理機構（電話 03-3513-6969，FAX 03-3513-6979, e-mail: info@jcopy.or.jp）の許諾を得てください。